KB187607

韓國貨幣圖鑑

Korean Currency Encyclopedia

圖書
出版　韓國學資料院

韓國貨幣圖鑑

韓國學資料院 編集部

차 례

韓國貨幣史

第1章 古 代

第1節 先史時代및 古朝鮮時代의 貨幣

1. 先史時代

지금까지 우리나라 각지에서 발견된 舊石器및 新石器時代의 遺物로 보아 우리나라에 사람이 살기 시작한 것은 지금부터 약 70萬年前의 舊石器時代부터였다고 생각된다. 구석 기 시대에는 狩描과 漁掛生活을 하면서 동굴이나 물가에 살았으나 신석기 시대에 들어와 농경법을 익히고 定着生活을 하면서부터 생산력도 크게 증대되어 교환거래를 하였을 것이 다. 그러나 당시의 유물중 貨幣의 형태를 갖춘 것이 발견되지 않는 점에 비추어 물물교환 이지배적이고 武器(화살촉 동), 生産道具, 穀物등 物品貨幣가 사용되었을 것으로 주측된다.

2. 古朝鮮時代

가. 子母錢使用說

우리나라에 있어 화폐 주조와 사용에 관한 最古의 기록은 약 2,950년전인 B.C. 957年 (기자조선 홍평왕 9년)의 子母錢[1] 사용에 관한 것이다. 기자조선은 중국 周代에 해당하며 周나라에는 고도로 발달한 청동기 문명이 존재하였고 鑄貨도 사용되었으므로 기자조선에 서의 鑄造貨幣사용기록은 타당하다는 주장[2]이 있다.

이와 같은 기자조선시대의 子母錢使用說은 현재 유물이 발견되지 않아 자세한 내용은 알 수 없으나 기자조선 자체가 중국 망명인에 의해 건국된 것이 아니고 고조선시대의 先住民이 세웠다는 주장(기자동래설의 부정)과 이 시대는 아직 신석기 시대로 당시 중국 본 토와는 직접적 접촉이 없었다는 일부 주장을

---

1) 子母錢은 화패의 명칭이 아니고 子錢과 母錢을 합하여 칭하는 것으로서 子錢은 小錢, 母錢은 大錢
2) 柳子厚著,「朝鮮貨幣考」,1940

감안해 볼 때 기자조선이 중국 周나라시대의 발달된 청동기 문명의 영향을 받아 鑄貨를 주조・사용했으리라는 주장은 설득력이 부족하 다. 비록 기자조선 시대의 鑄錢說이 사실이라 하더라도 일반적인 교환거래에서는 穀物, 布串 등 물품화폐가 통용되었을 것으로 보인다.

나. 明刀錢 使用說

한반도가 중국과 본격적으로 교섭을 갖게 된 때는 秦나라 末, 漢나라 初의 중국 전역에 걸친 大戰亂으로 다수의 燕, 趙, 齊나라 사람들이 한반도로 이주하는 과정에서 燕나라 사 람 衛滿에 의해 건국된 위만조선 (B.C. 194年) 이후 부터이다.

衛滿王朝의 古朝鮮은 비록 철기문화를 수용하여 철기를 이용한 농업과 수공업이 다소 발달하였지만 전반적으로 낮은 생산수준을– 벗어나지 못해 주민간에 화폐가 주조・유통되 었다고 믿기는 어려울 것 같다.

다만 평안북도 消原, 寧邊과 평안남도 寧遠 및 전라남도 康津 동에서 당시의 유물로 보 이는 明刀錢[3]31이 발견되었는데 이 사실을 가지고 우리나라에서의 中國錢 使用說을 주장하 는 사람이 있다. 그러나 당시 중국의 고대문명이 도시중심이었음을 고려해 볼 때 明刀錢이 燕나라의 주요도시 혹은 그 인접지역에서 사용되었다고 볼 수 있으나, 이것이 遼東을 건너서 멀리 떨어진 한반도에서까지 유통되었다고 생각할 수는 없을 것이다.

또한 한반도에서 出土된 유물중에 周代文化의 반영이라고 인정되는 것이 전혀 없고 당 시 농업과 수공업 등이 초기단계를 벗어나지 못하고 있었음을 고려해 볼 때 周代 이전에 중국 본토와의 접촉이 있었다고 보기 어려우며 周代부터 중국본토와의 접촉이 있었다고 하여도 漢나라 初에 한반도에서 鑄貨가 유통되었으리라고는 생각되지 않는다. 다만 당시 중국에서 한반도로 이주한 사람들이 소지했던 것이 出土된 것으로 보인다.

3. 漢四郡時代

郡은 토착세력의 강력한 저항에 부딪혀 수 차례 변동을 거듭하다가 313年頃 고구려와 백 제에 의해

---

3) 明刀錢은 周末 戰國時代에 燕 趙에서 유통된 刀錢으로 厚葬의 풍속에 따른 副葬品으로서 사용되었기 때문에 周나라시대 화폐중에서 가장 많은 수량이 잔존해 있음

멸망될 때까지 약 400年「13i 존속하면서 東方社會의 정치, 경제, 문화는 물론 화 폐의 측면에서도 커다란 영향을 끼쳤다. 특히 평양을 중심으로 한 낙랑군의 유적에서 다 량의 五錄錢과 그 鑄型이 출토된 것으로 미루어 보아 당시 漢四郡에서 중국의 화폐가 통 용되었음은 물론 직접 鑄造하여 사용되었을 것으로 추측할 수 있다.

또한 B. C. 1≪ 漢나라에서 주조된 주화인 貨泉이 金海 조개무지에서 출토되었는데 이 는 漢의 화폐가 낙랑을 통해 유입, 金海地方에까지 유포되었음을 보여주고 있다. 한편 1936年 제주지방에서 출토된 五錬錢, 貨泉 및 大泉五十, 布貨 등의 古錢과 청동거울 등 漢나라 유물은 제주도의 토착민들이 馬韓, 辰韓과의 교역에서 가져간 것으로 추측된다.

이와 같이 漢四郡 時代에 한반도에서는 적지않은 수량의 漢代 貨幣가 유입, 통용되었을 것으로 보인다.

第2節 三韓時代의 貨幣

이 시대는 철기문화를 바탕으로 하는 농경사회로서 철제 농기구의 사용으로 농업이 크게 발달하였고 麻布를 생산하는 手工業도 제법 발전하였다. 그리하여 잉여생산물이 나타 나게 되고 이와 더불어 교환거래가 前時代에 비해 활발해짐에 따라 종전의 직접적 물물교 환방식 대신에 商品貨幣에 의한 간접교환방식이 필요하게 되었다. 이때 교환의 매개수단 으로 가장 먼저 등장한 것이 생활필수품인 米穀과 麻布였다.

한편 辰韓에서 철이 많이 생산되어 인접 지역과 日本 등과의 무역거래에 화폐처럼 사용 되었다는 기록이 보인다. 馬山 성산동에서 당시의 治鐵址가 발견된 것으로 볼 때 製鐵도 성행되었을 것으로 생각된다.

이 당시에 교환의 매개수단으로 사용되었던 鐵은 鐵錢이 아니고 評量貨幣였을 것이다. 또한 馬韓과 東沃沮[4]에서도 錢貨를 주조하였는데, 馬韓의 경우 B.C. 109年(安王 21年)에 銅錢을 처음으로 주조

---

4) 明刀錢은 周末 戰國時代에 燕 趙에서 유통된 刀錢으로 厚葬의 풍속에 따른 副葬品으로서 사용되었기 때문에 周나라시대 화폐중에서 가장 많은 수량이 잔존해 있음

하였으며, 東沃沮에서도 金銀無文錢을 사용하였다는 기록이 있다. 그러나 이러한 기록을 뒷받침할만한 유물이 아직 발견되지 않았고 더우기 金과 銀이 상류사회에 장식 또는 가치저장 수단으로 사용되었고 일반서민과는 거리가 먼 것이었음을 생 각해 볼 때 鑄貨가 유통되었다고 확언할 수 없다. 다만 거의 같은 시대인 漢四郡時代에 중국의 화폐가 유통된 것으로 보아 三韓에서도 어떠한 형태로든 鑄貨類가 사용되지 않았 을까 추측될 뿐이다.

第3節 三國時代의 貨幣

1. 社會·經濟的背景

우리나라의 古代國家는 발달한 鐵器文化의 기반위에서 각 지방 부족세력의 통합으로 성 립되었는데 북에는 고구려, 남에는 백제, 신라 및 가야가 건국되었다. 이 시대에는 농업, 목축업, 어업, 수공업 등의 고른 발달로 생활수준이 前時代보다 훨씬 향상되었는데, 농업 의 경우 牛耕과 水田耕作이 널리 보급되었고 수공업도 網織物,麻織物등을 짜는 방직기 술이 상당히 발전되었다. 이러한 생산력의 증대에 따른 활발한 교환거래로 상업이 크게 번창하여 首都에는 시장이 개설되어 5)곡물과 직물, 農器具, 武器및 금속류 동이 주로 거 래되었으며, 특히 높은 수준의 철제무기 등을 생산하였던 고구려는 금속류의 유통도 활발 했던 것으로 보인다.

또한 당시 貿易을 독점하던 낙랑군이 멸망한 뒤 三國의 국제무역이 크게 발달하였는데, 고구려는 주로 중국의 南朝및 北朝의 유목민들과 교역하였고, 백제는 南朝및 일본과 활 발히 교역했으며, 신라는 한강하류 지역을 확보하면서 중국과의 교역을 자유롭게 할 수 있었다.

당시 三國의 수출품은 주로 마직물, 금·은 세공품, 인삼, 모피류 등이었고, 수입품은 견직물과 귀족생활의 기호에 맞는 장식품류, 서적, 무가류 등이었다. 또한 일본과의 무역 이성행함에 따라 三國의 선진문물이 일본에 수출되기도 하였다.

---

5) 신라의 경우 490年(소지왕 10年)에 수도인 경주에 시장이 개설되었고, 이어 509年(지중왕 10年)에 東市,695年에 西市 와 南市가 계속 개설되었고 이에 따라 시장관리기구인 東市典,西市典및 南市典이 각각 관리하였음.

2. 流通手段

농업 수공업 등의 발달에 의한 생산력의 증대와 활발한 대외무역으로 교환거래가 성행함에 따라 교환의 매개수단이 필요하게 되었는데 물품화폐로서는 三韓時代와 마찬가지로 穀物과 織物이 주로 사용되었다. 곡물중에서는 쌀과 조 , 직물중에서는 베와 비단이 중심 적인 위치를 차지하고 있었던 것 같다.

직물이 物品貨幣로서 널리 사용됨에 따라 직물의 質과 量에 관한 일정한 규격이 정해져 처음에는 품질 좋은 베와 비단만이 물품화폐로 사용도]었으나, 점차 교환이 빈번하고 직물 의 사용범위가 확대됨에 따라 그 규격이 엄격하게 지켜지지 못하게 되었다. 그리하여 나 중에는 사용가치가 거의 없는 租惡한 직물이 더 널리 통용되는 경향마저 보이게 되었다.

한편 신라고분에서 높은 수준의 金 細工品이 많이 출토되는 것으로 보아 당시 金의 유통이 상당히 활발했을 것으로 생각되나 三韓時代와 마찬가지로 金, 銀은 일반적인 교환, 수단이라기 보다는 상류계급의 장식용이나 가치저장수단 및 대외무역의 지불수단으로 사 용되었을 것으로 짐작된다.

위와 같이 삼국시대에도 교환의 매개수단으로 곡물 및 직물 등이 주로 사용되어 화폐경제가 物品貨幣의 범위를 크게 벗어나지 못했다.

古代의 貨幣

高麗時代의 貨幣

古代의 貨幣
Ancient money

布 錢
Spade coins

空首布

尖足布

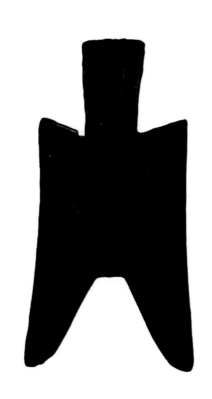

周鏡幣

古代의 貨幣
Ancient money

刀　錢
Knife coins

尖首刀

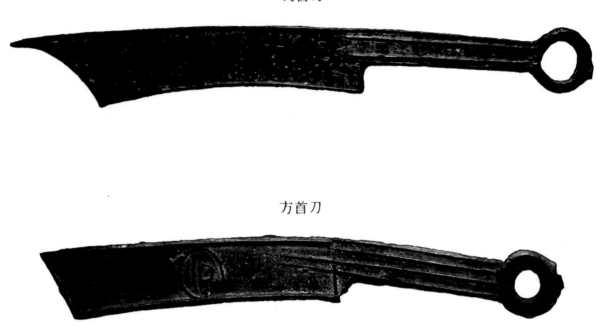

方首刀

圓首刀

反首刀

高麗時代의 貨幣
Koryo Period coins

銀 貨
Silver coins

小銀瓶

碎銀

貨幣圖鑑

高麗時代의 貨幣
Koryo Period coin

朝鮮時代의 貨幣
Chosun Period coin

近代의 鑄貨
Modern coins

韓國銀行 鑄貨
The Bank of Korea coins

高麗時代의 貨幣
Koryo Period coin

無 文 錢
Non-letter coin

乾元重寶
Kon Won Chung Bo

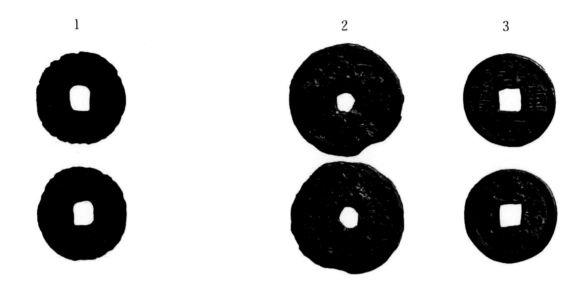

1

2

3

東國重寶
Tong Kuk Chung Bo

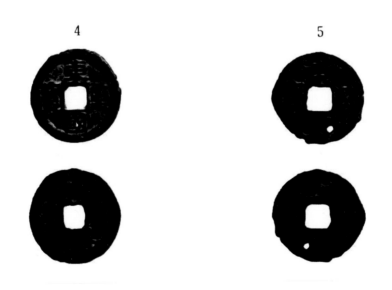

4

5

高麗時代의 貨幣
Koryo Period coin

東國通寶
Tong Kuk Tong Bo

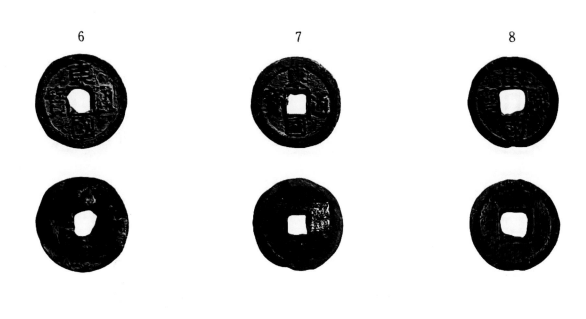

6   7   8

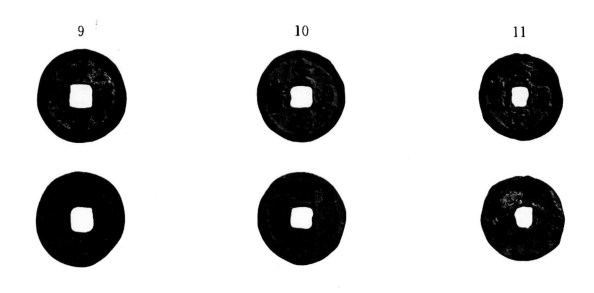

9   10   11

高麗時代의 貨幣
Koryo Period coin

海東元寶
Hae Dong Won Bo

海東重寶
Hae Dong Chung Bo

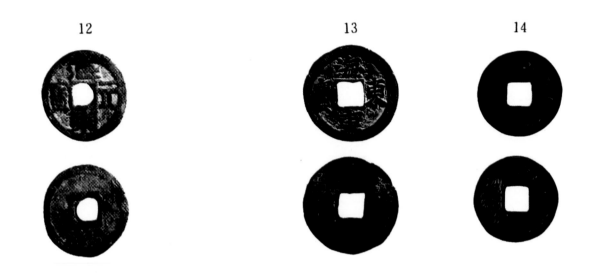

12

13

14

海東通寶
Hae Dong Tong Bo

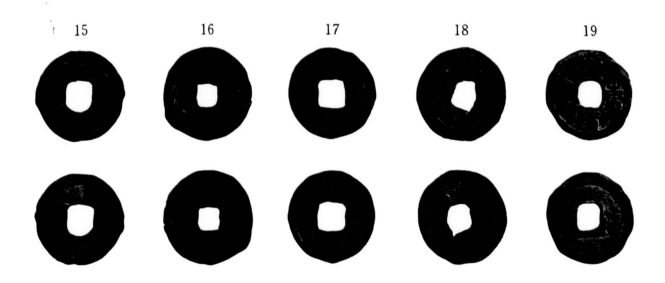

15   16   17   18   19

高麗時代의 貨幣
Koryo Period coin

三韓重寶
Sam Han Chung Bo

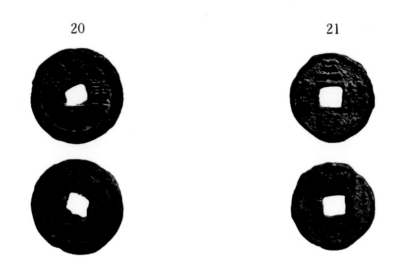

20   21

三韓通寶
Sam Han Tong Bo

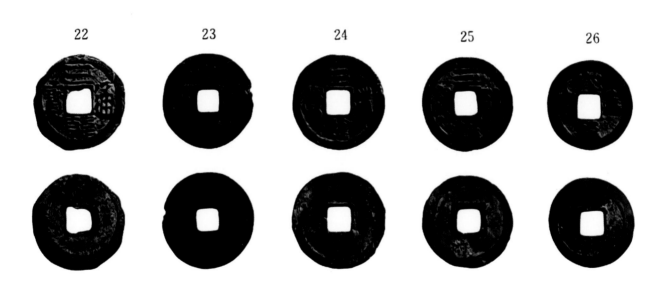

22   23   24   25   26

高麗時代의 貨幣
Koryo Period coin

朝鮮通寶
Chosun Tong Bo

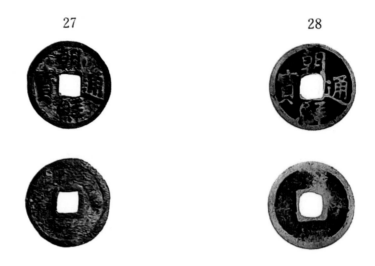

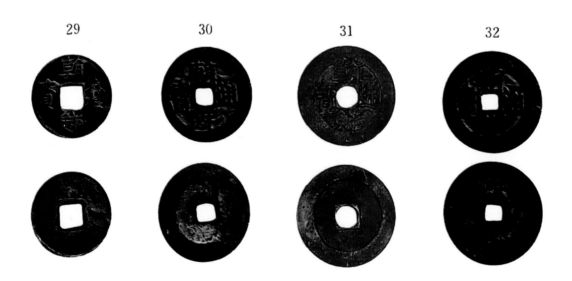

朝鮮時代의 貨幣
Chosun Period coin

十錢通寶
Ship Chon Tong Bo

33

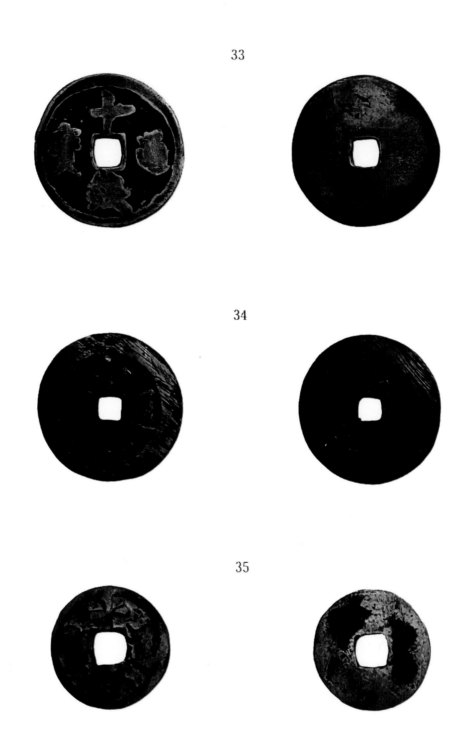

34

35

朝鮮時代의 貨幣
Chosun Period coin

常平通寶
Sang Pyong Tong Bo

無背字錢

36

單字錢

| 37 | 38 | 39 | 40 |

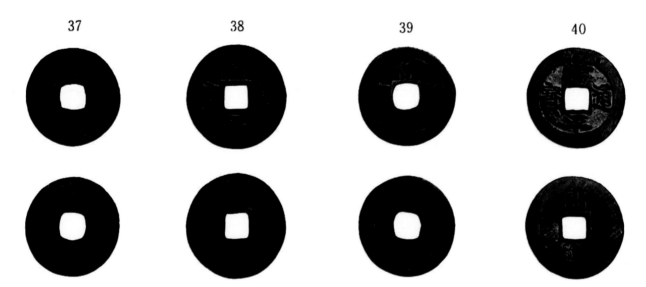

朝鮮時代의 貨幣
Chosun Period coin

常平通寶
Sang Pyong Tong Bo

單字錢

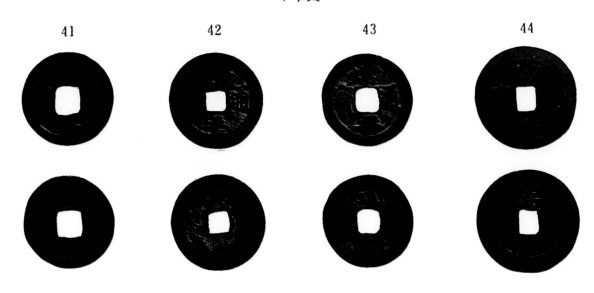

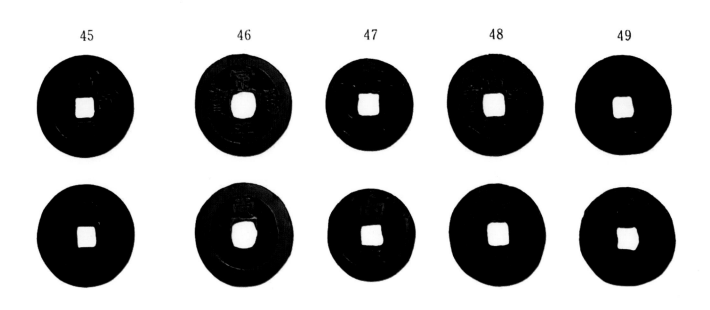

朝鮮時代의 貨幣
Chosun Period coin

常平通寶
Sang Pyong Tong Bo

單字錢

50　　　　51　　　　52

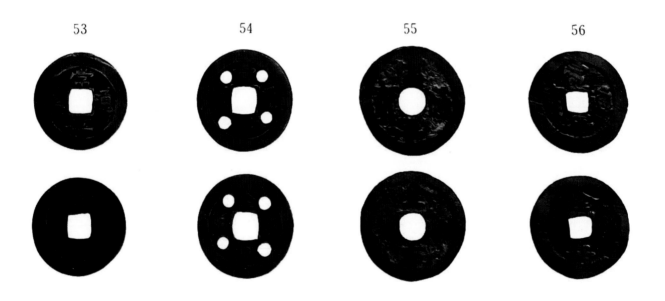

53　　　54　　　55　　　56

朝鮮時代의 貨幣
Chosun Period coin

常平通寶
Sang Pyong Tong Bo

單字錢

57　　　　　　58　　　　　　59

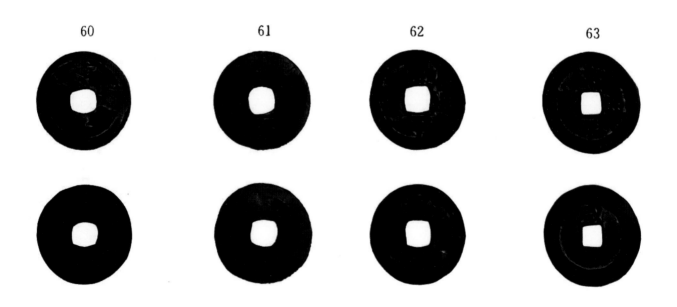

60　　　　61　　　　62　　　　63

朝鮮時代의 貨幣
Chosun Period coin

常平通寶
Sang Pyong Tong Bo

朝鮮時代의 貨幣
Chosun Period coin

常平通寶
Sang Pyong Tong Bo

單字錢

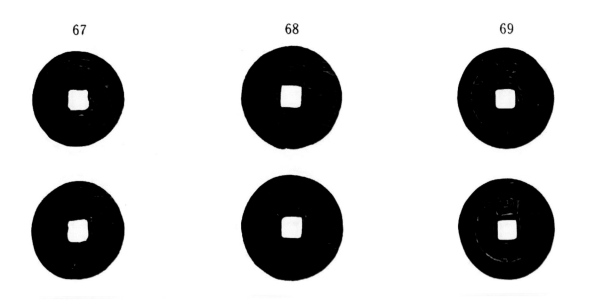

64　　　　　65　　　　　66

67　　　　　68　　　　　69

朝鮮時代의 貨幣
Chosun Period coin

常平通寶
Sang Pyong Tong Bo

當二錢

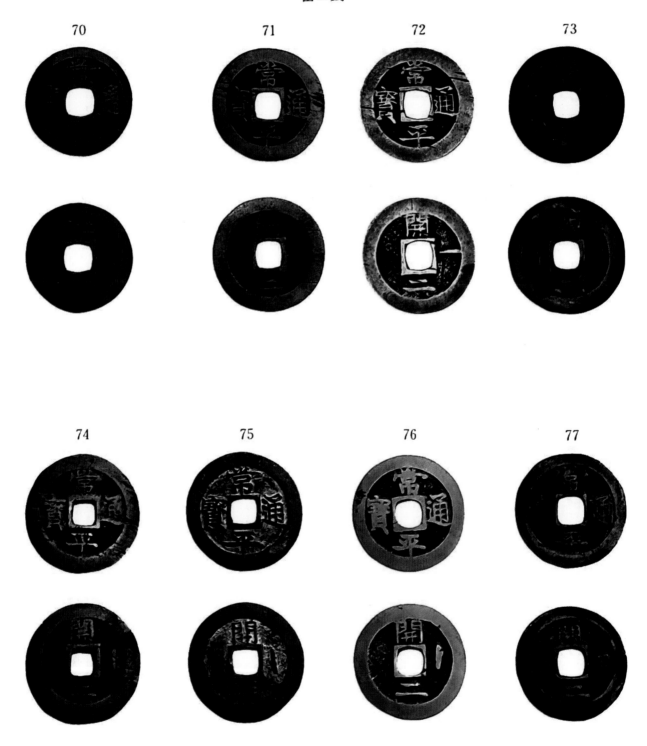

朝鮮時代의 貨幣
Chosun Period coin

常平通寶
Sang Pyong Tong Bo

當二錢

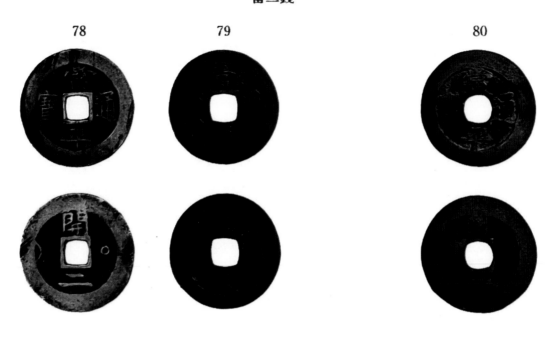

78   79   80

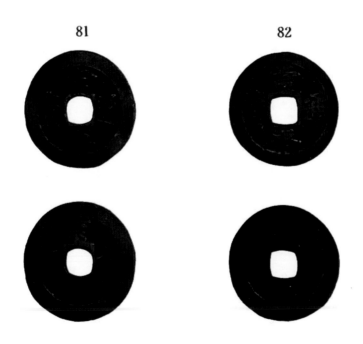

81   82

朝鮮時代의 貨幣
Chosun Period coin

常平通寶
Sang Pyong Tong Bo

當二錢

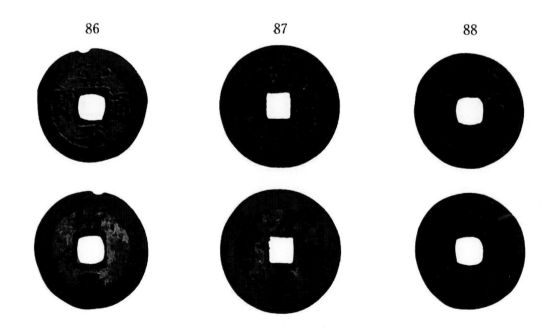

83   84   85

86   87   88

朝鮮時代의 貨幣
Chosun Period coin

常平通寶
Sang Pyong Tong Bo

當二錢

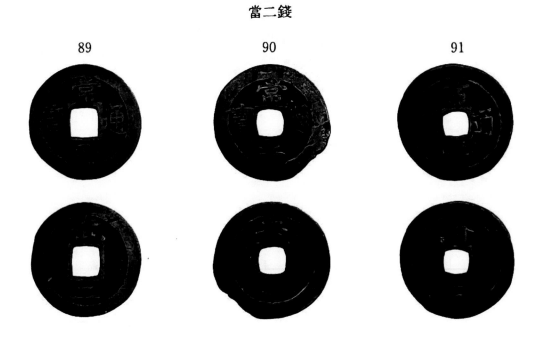

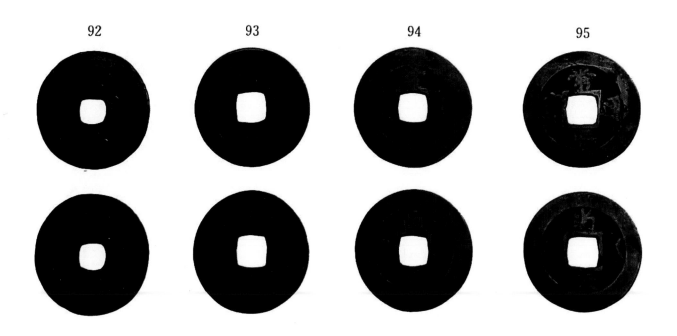

朝鮮時代의 貨幣
Chosun Period coin

常平通寶
Sang Pyong Tong Bo

當二錢

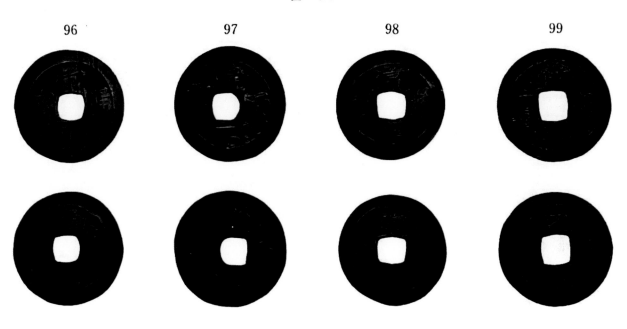

96 97 98 99

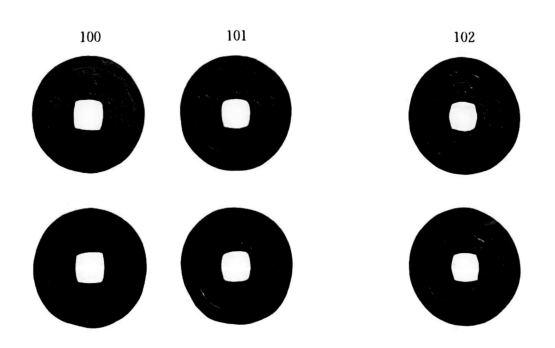

100 101 102

朝鮮時代의 貨幣
Chosun Period coin

常平通寶
Sang Pyong Tong Bo

當二錢

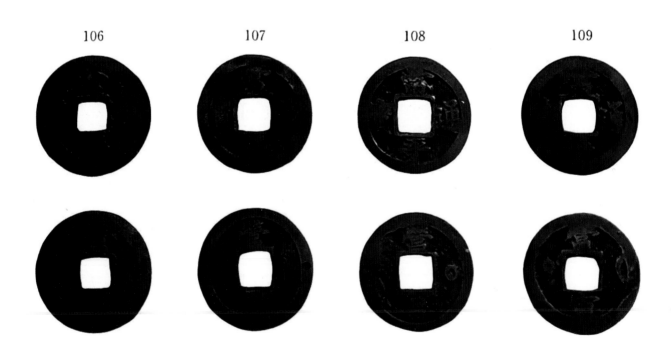

103	104	105	
106	107	108	109

朝鮮時代의 貨幣
Chosun Period coin

常平通寶
Sang Pyong Tong Bo

當二錢

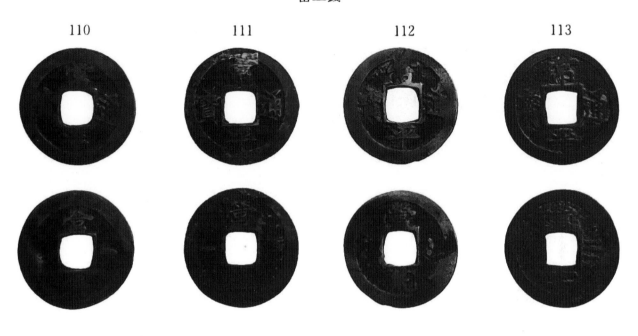

110   111   112   113

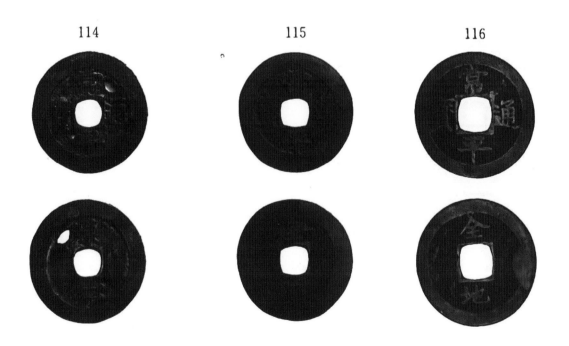

114   115   116

朝鮮時代의 貨幣
Chosun Period coin

常平通寶
Sang Pyong Tong Bo

當二錢

117　　118　　119　　120

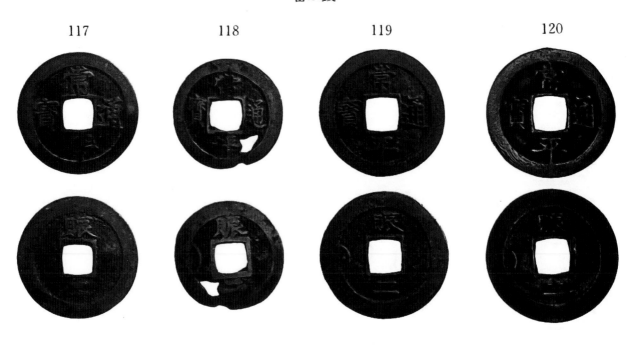

121　　122　　123

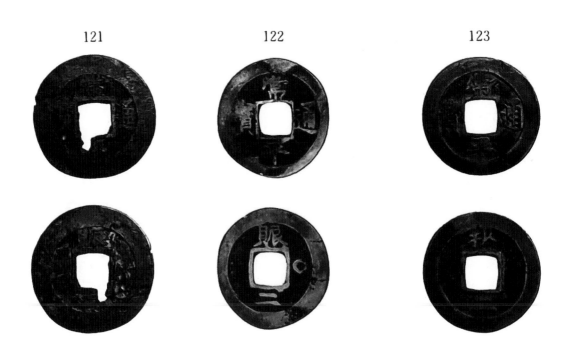

朝鮮時代의 貨幣
Chosun Period coin

常平通寶
Sang Pyong Tong Bo

當二錢

124   125   126   127

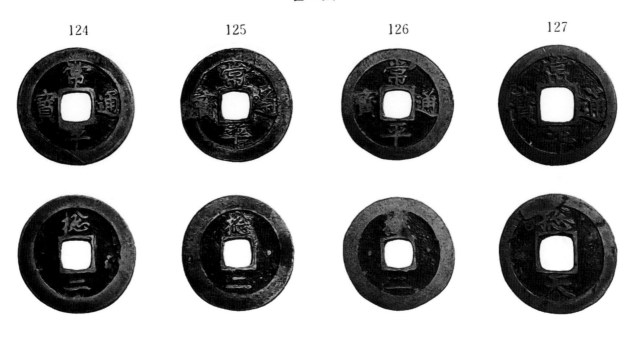

128   129   130

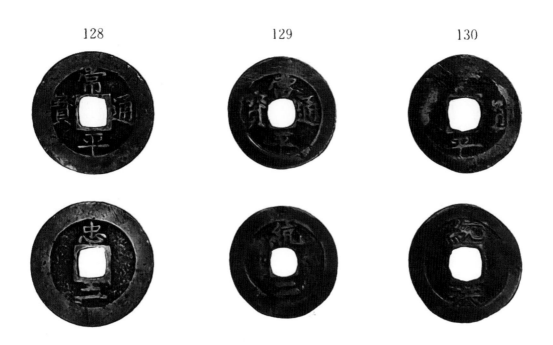

朝鮮時代의 貨幣
Chosun Period coin

常平通寶
Sang Pyong Tong Bo

當二錢

| 131 | 132 | 133 |

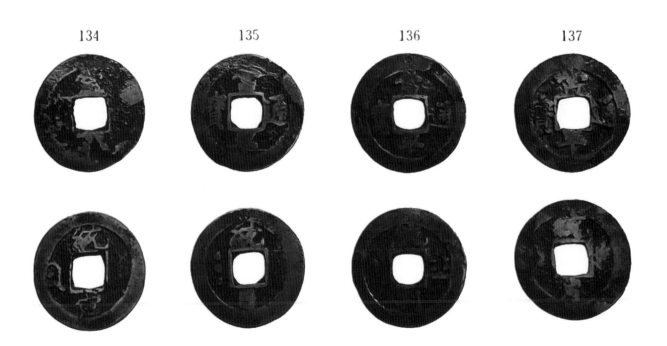

| 134 | 135 | 136 | 137 |

朝鮮時代의 貨幣
Chosun Period coin

常平通寶
Sang Pyong Tong Bo

當二錢

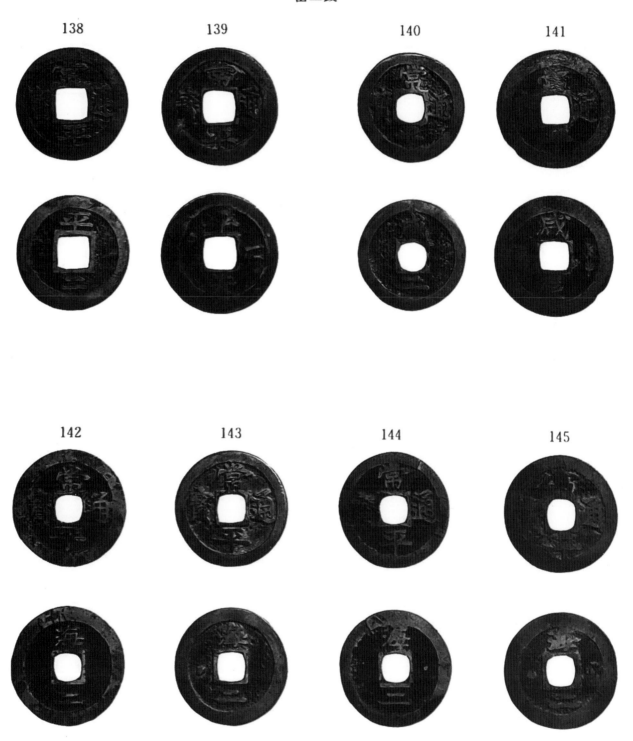

138   139   140   141

142   143   144   145

朝鮮時代의 貨幣
Chosun Period coin

常平通寶
Sang Pyong Tong Bo

當二錢

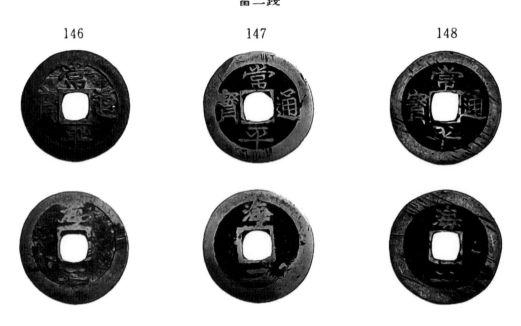

146   147   148

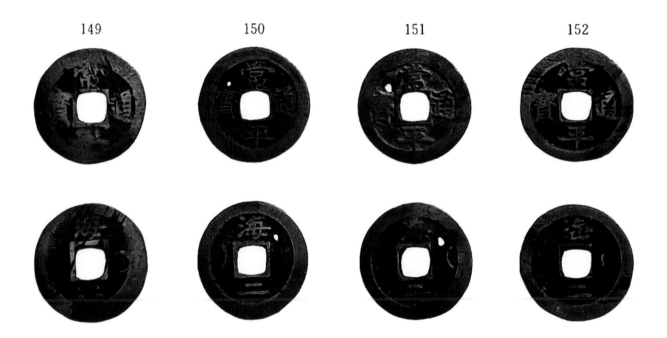

149   150   151   152

朝鮮時代의 貨幣
Chosun Period coin

常平通寶
Sang Pyong Tong Bo

當二錢

153   154   155

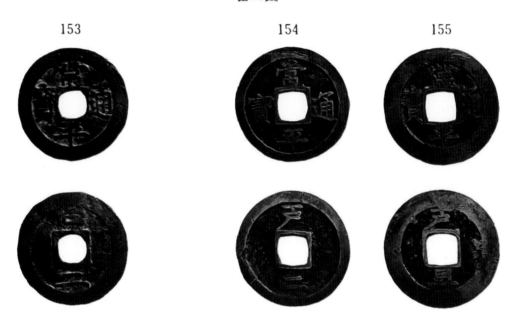

156   157   158

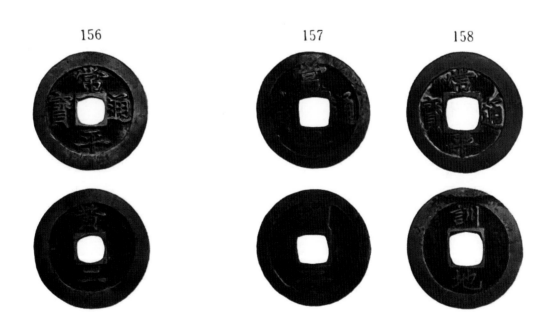

朝鮮時代의 貨幣
Chosun Period coin

常平通寶
Sang Pyong Tong Bo

當二錢

153   154   155

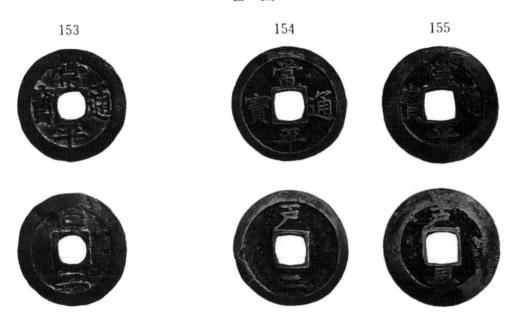

156   157   158

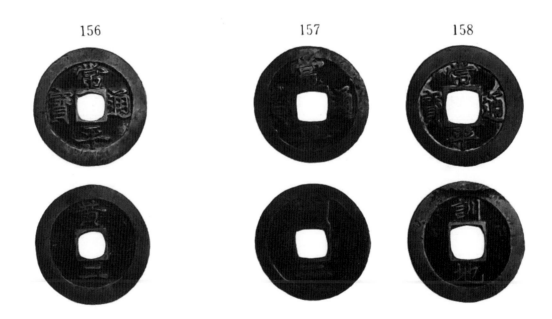

朝鮮時代의 貨幣
Chosun Period coin

常平通寶
Sang Pyong Tong Bo

中型錢

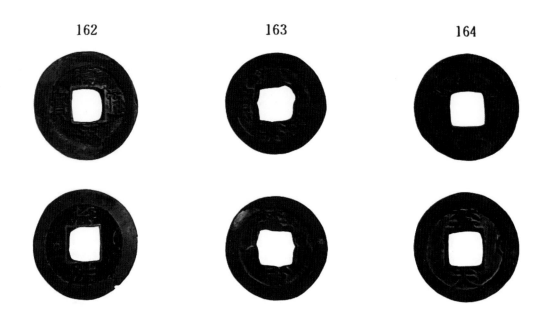

| 159 | 160 | 161 |

| 162 | 163 | 164 |

朝鮮時代의 貨幣
Chosun Period coin

常平通寶
Sang Pyong Tong Bo

中型錢

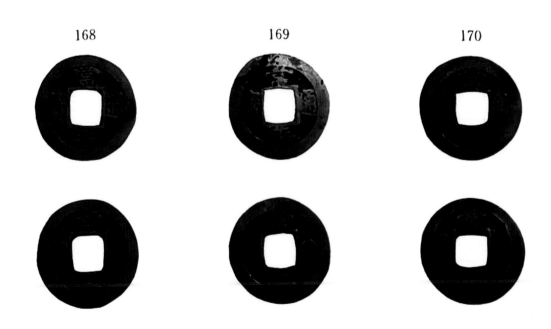

165   166   167

168   169   170

朝鮮時代의 貨幣
Chosun Period coin

常平通寶
Sang Pyong Tong Bo

中型錢

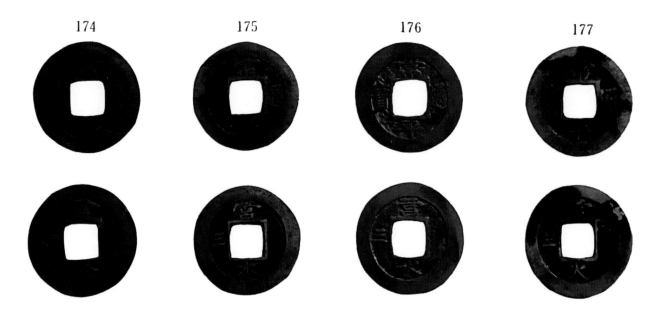

朝鮮時代의 貨幣
Chosun Period coin

常平通寶
Sang Pyong Tong Bo

中型錢

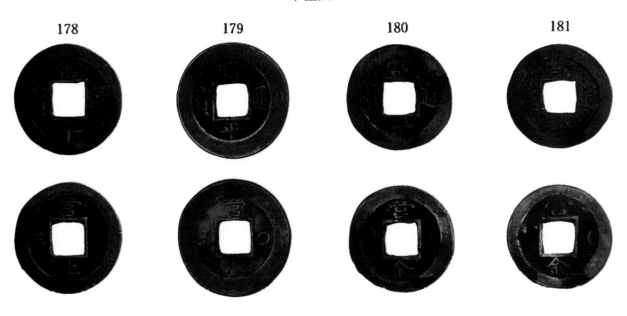

178   179   180   181

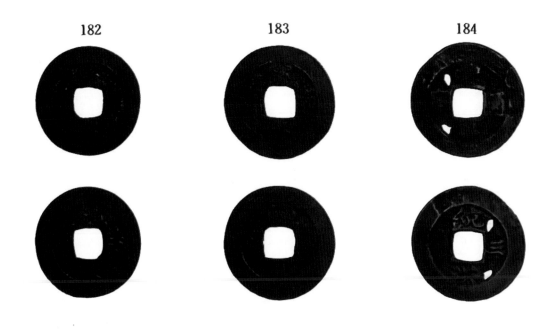

182   183   184

朝鮮時代의 貨幣
Chosun Period coin

常平通寶
Sang Pyong Tong Bo

中型錢

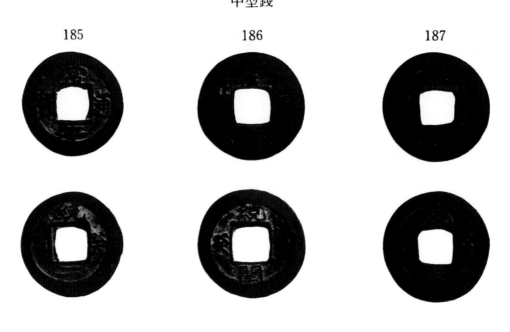

| 185 | 186 | 187 |

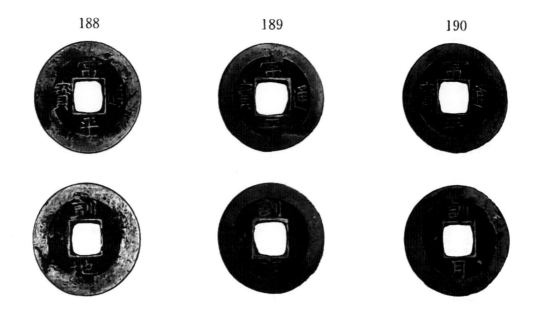

| 188 | 189 | 190 |

常平通寶
Sang Pyong Tong Bo

朝鮮時代의 貨幣
Chosun Period coin

常平通寶
Sang Pyong Tong Bo

中型錢

191 192

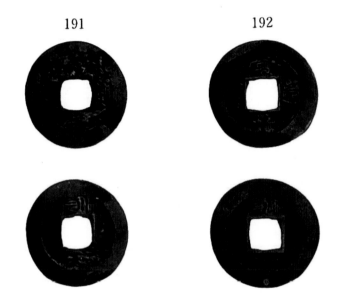

193 194 195

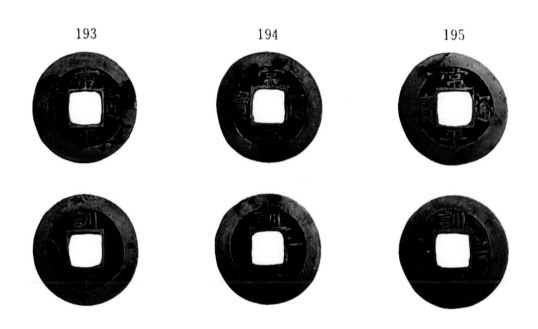

朝鮮時代의 貨幣
Chosun Period coin

常平通寶
Sang Pyong Tong Bo

小型錢

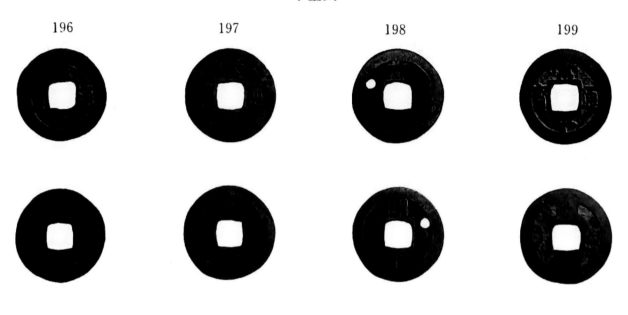

196   197   198   199

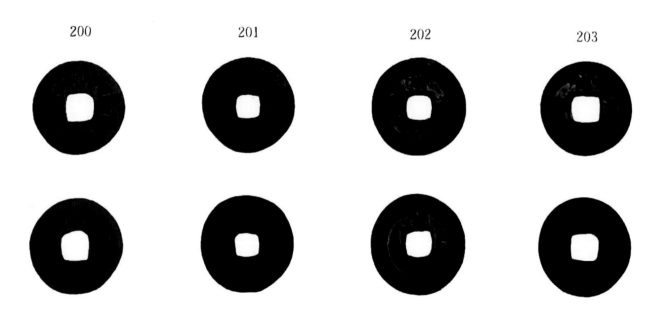

200   201   202   203

常平通寶
Sang Pyong Tong Bo

朝鮮時代의 貨幣
Chosun Period coin

常平通寶
Sang Pyong Tong Bo

小型錢

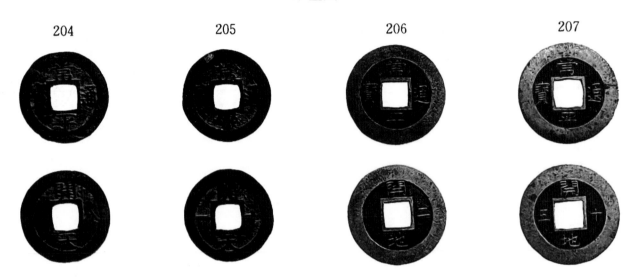

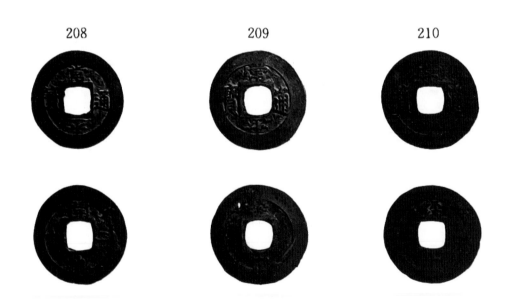

朝鮮時代의 貨幣
Chosun Period coin

常平通寶
Sang Pyong Tong Bo

小型錢

211 212 213

214 215 216 217 218

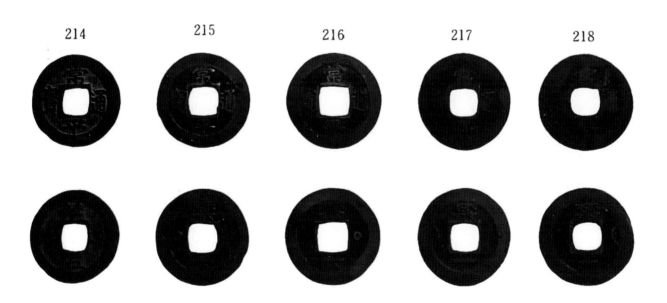

朝鮮時代의 貨幣
Chosun Period coin

常平通寶
Sang Pyong Tong Bo

小型錢

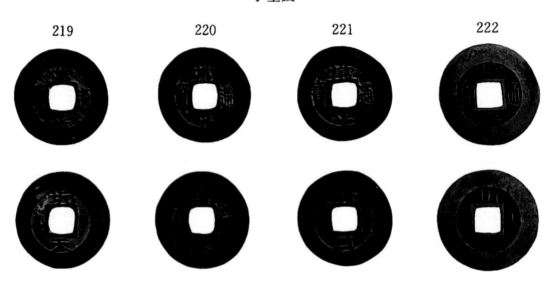

| 219 | 220 | 221 | 222 |

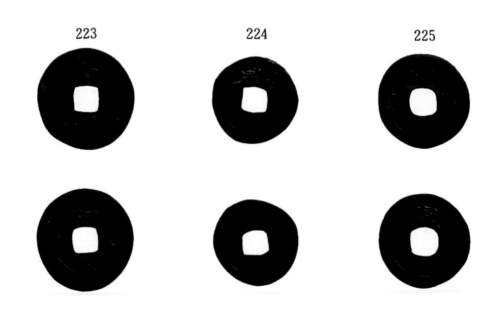

| 223 | 224 | 225 |

朝鮮時代의 貨幣
Chosun Period coin

常平通寶
Sang Pyong Tong Bo

小型錢

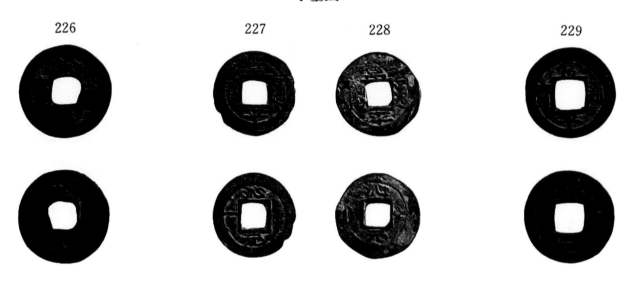

226 227 228 229

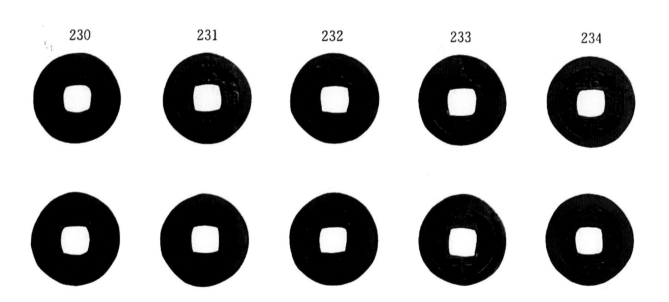

230 231 232 233 234

朝鮮時代의 貨幣
Chosun Period coin

常平通寶
Sang Pyong Tong Bo

小型錢

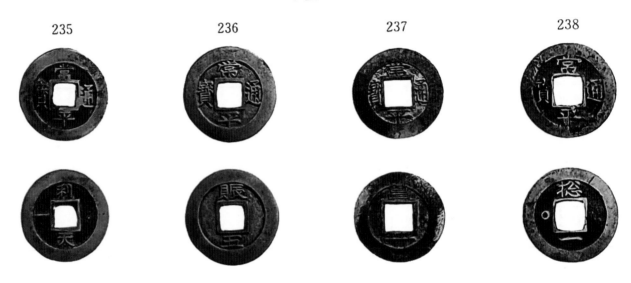

235　　　　236　　　　237　　　　238

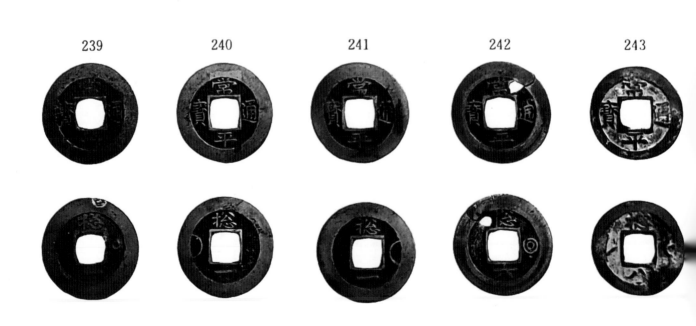

239　　　240　　　241　　　242　　　243

朝鮮時代의 貨幣
Chosun Period coin

常平通寶
Sang Pyong Tong Bo

小型錢

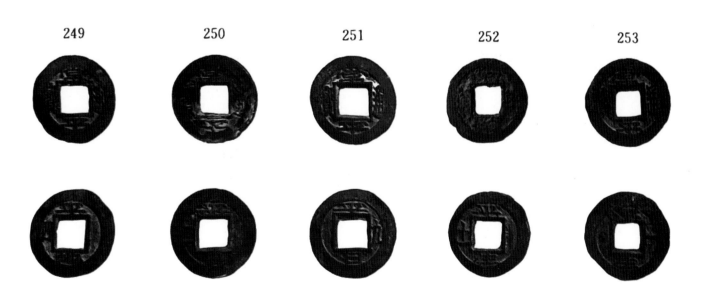

朝鮮時代의 貨幣
Chosun Period coin

常平通寶
Sang Pyong Tong Bo

小型錢

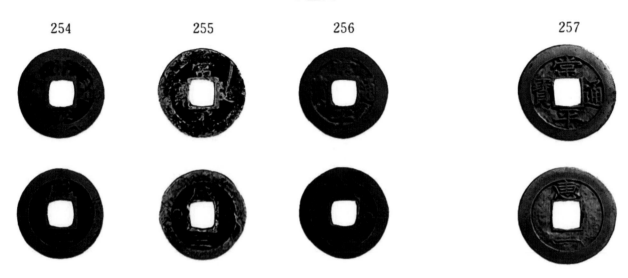

254   255   256   257

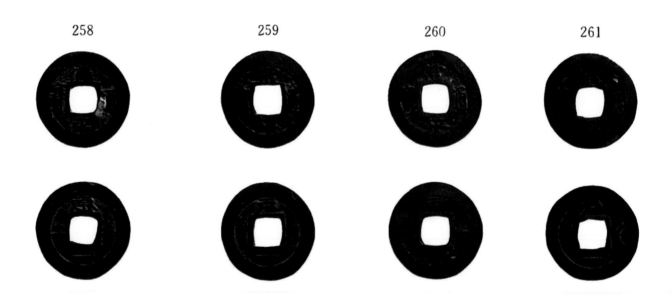

258   259   260   261

朝鮮時代의 貨幣
Chosun Period coin

常平通寶
Sang Pyong Tong Bo

小型錢

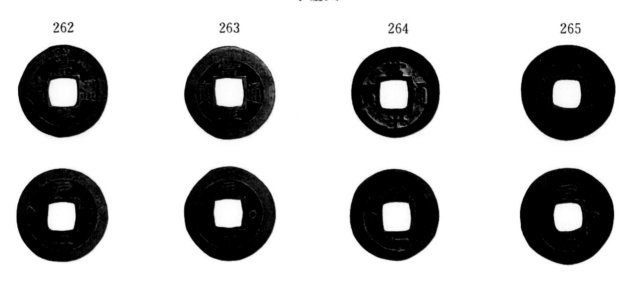

262 263 264 265

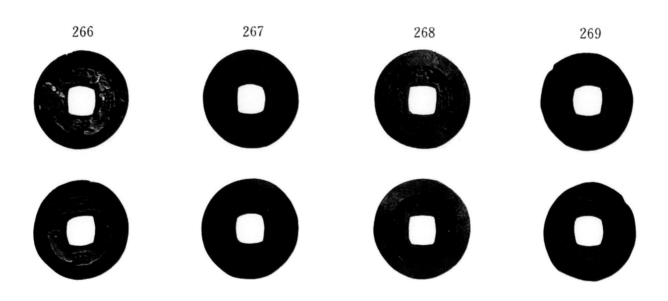

266 267 268 269

朝鮮時代의 貨幣
Chosun Period coin

常平通寶
Sang Pyong Tong Bo

小型錢

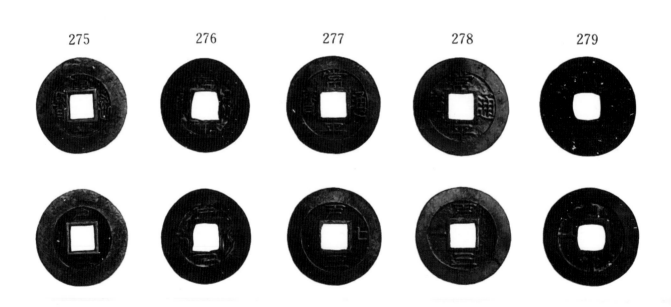

270	271	272	273	274

275	276	277	278	279

朝鮮時代의 貨幣
Chosun Period coin

常平通寶
Sang Pyong Tong Bo

小型錢

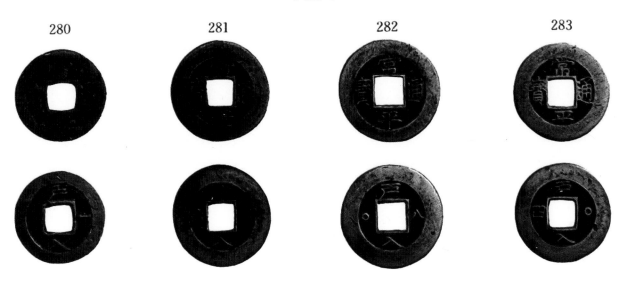

280   281   282   283

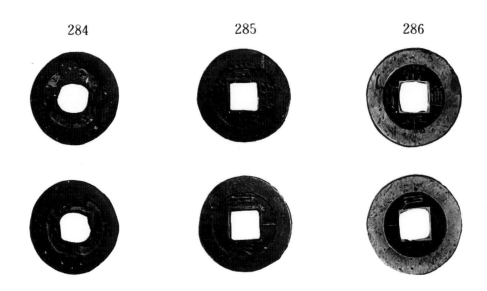

284   285   286

朝鮮時代의 貨幣
Chosun Period coin

常平通寶
Sang Pyong Tong Bo

小型錢

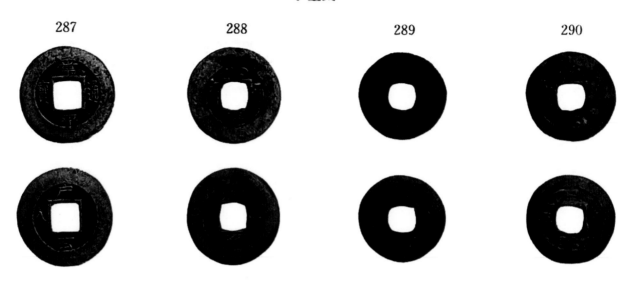

287 288 289 290

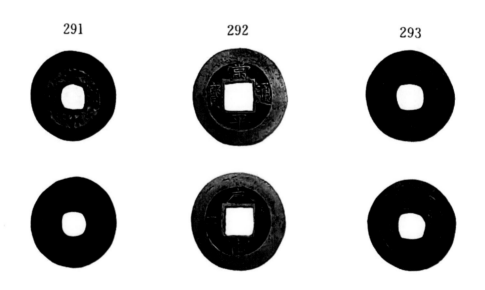

291 292 293

朝鮮時代의 貨幣
Chosun Period coin

常平通寶
Sang Pyong Tong Bo

小型錢

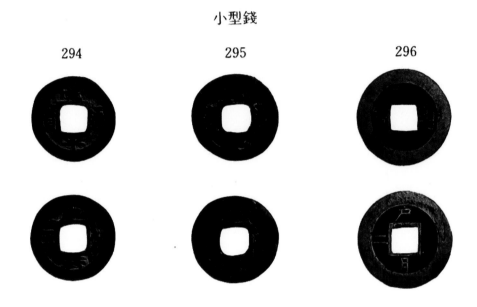

| 294 | 295 | 296 |

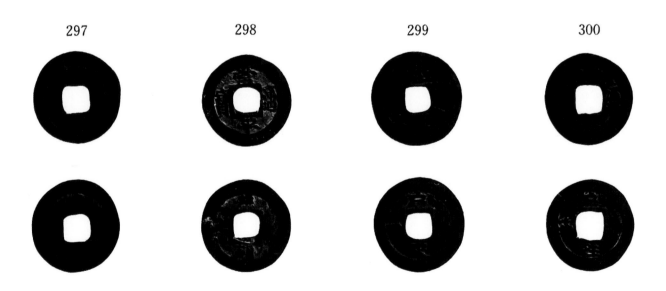

| 297 | 298 | 299 | 300 |

朝鮮時代의 貨幣
Chosun Period coin

常平通寶
Sang Pyong Tong Bo

小型錢

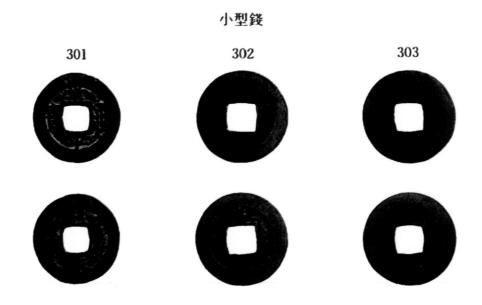

301 302 303

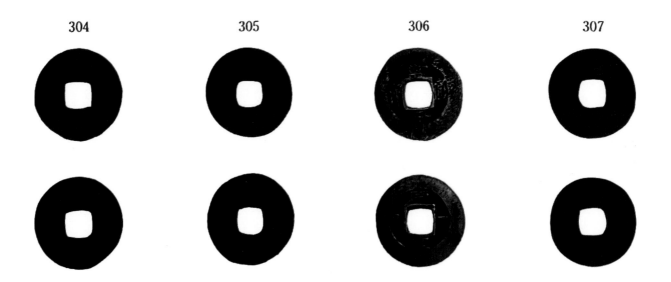

304 305 306 307

朝鮮時代의 貨幣
Chosun Period coin

朝鮮時代의 貨幣
Chosun Period coin

常平通寶
Sang Pyong Tong Bo

小型錢

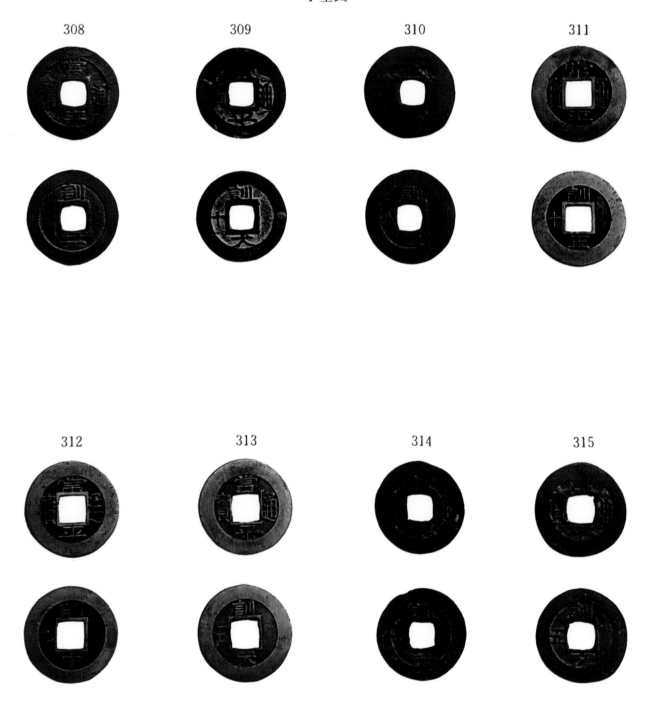

308 309 310 311

312 313 314 315

朝鮮時代의 貨幣
Chosun Period coin

常平通寶
Sang Pyong Tong Bo

小型錢

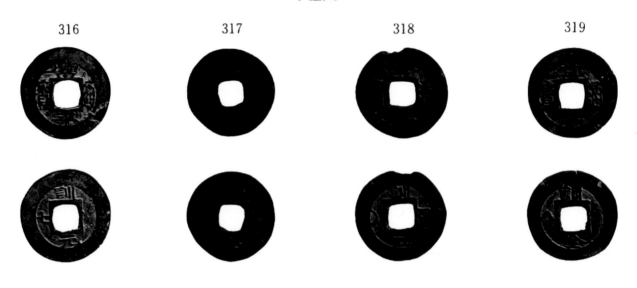

316   317   318   319

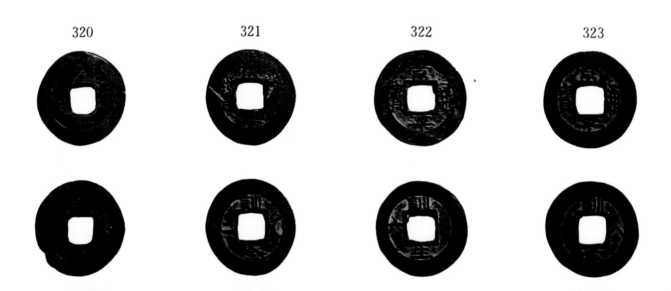

320   321   322   323

朝鮮時代의 貨幣
Chosun Period coin

常平通寶
Sang Pyong Tong Bo

小型錢

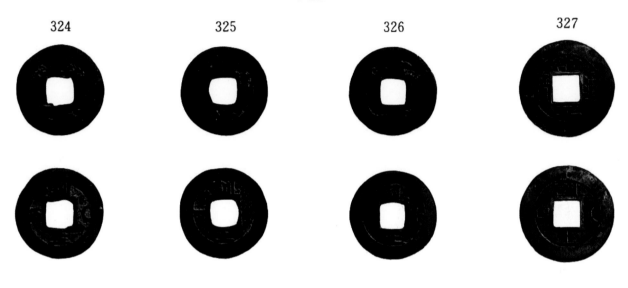

324　　　　325　　　　326　　　　327

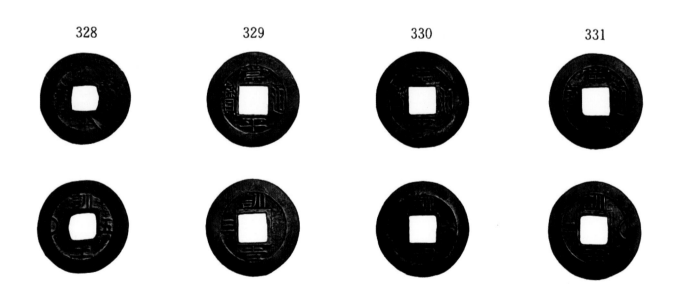

328　　　　329　　　　330　　　　331

朝鮮時代의 貨幣
Chosun Period coin

常平通寶
Sang Pyong Tong Bo

小型錢

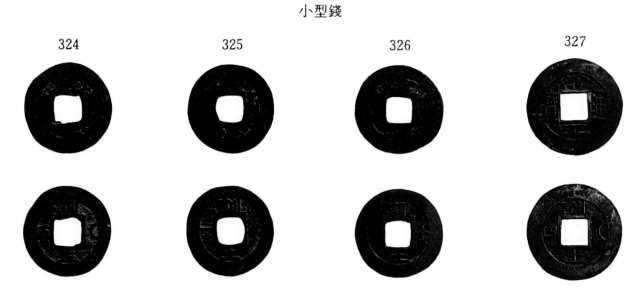

324　　　325　　　326　　　327

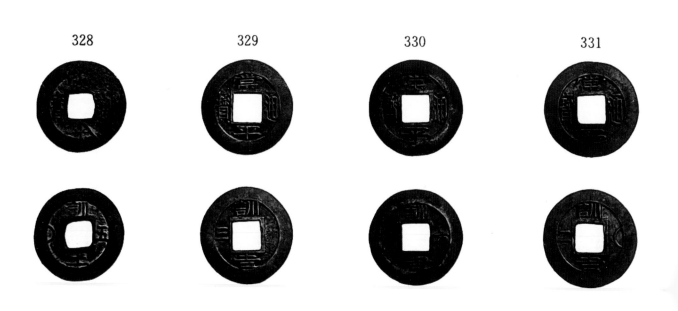

328　　　329　　　330　　　331

朝鮮時代의 貨幣
Chosun Period coin

大 東 錢
Tae Dong Chon

335 三錢

336 二錢

337 一錢

朝鮮時代의 貨幣
Chosun Period coin

常平通寶
Sang Pyong Tong Bo

當五錢

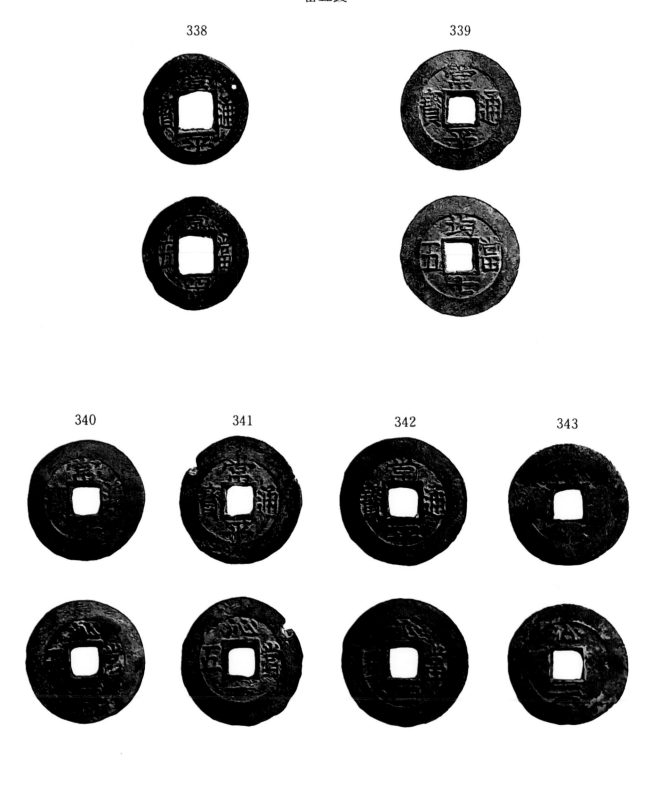

338

339

340   341   342   343

朝鮮時代의 貨幣
Chosun Period coin

常平通寶
Sang Pyong Tong Bo

當五錢

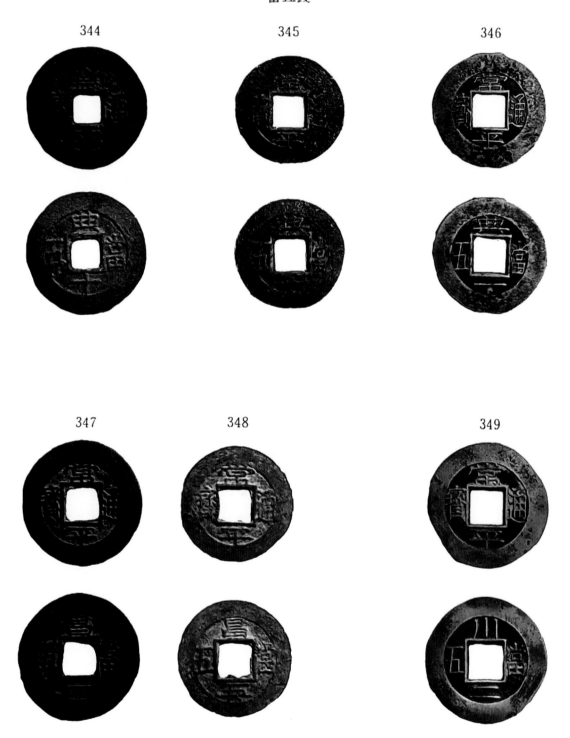

344   345   346

347   348   349

朝鮮時代의 貨幣
Chosun Period coin

常平通寶
Sang Pyong Tong Bo

當五錢

350

351

352

353

354

355

朝鮮時代의 貨幣
Chosun Period coin

常平通寶
Sang Pyong Tong Bo

當五錢

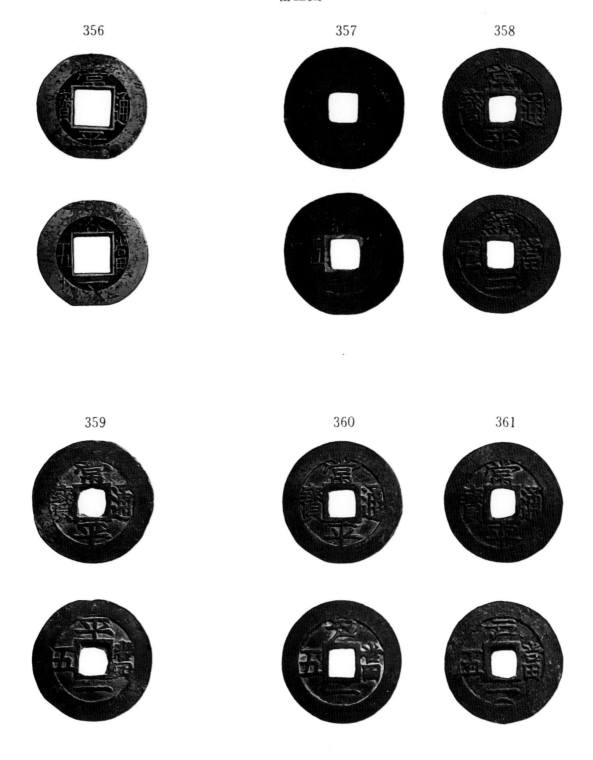

356   357   358

359   360   361

朝鮮時代의 貨幣
Chosun Period coin

常平通寶
Sang Pyong Tong Bo

當五錢 試鑄貨

362 363 364 365

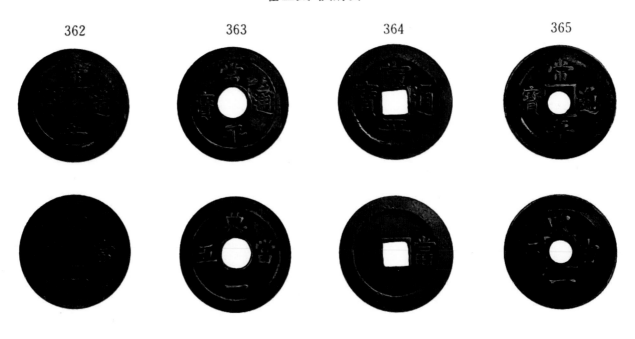

當十錢

366

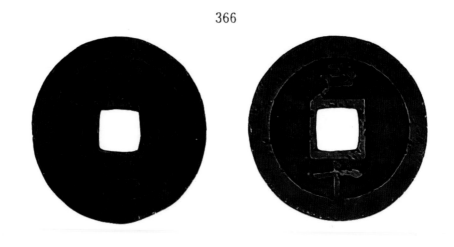

近代의 鑄貨
Modern coins

京城典圜局
Kyongsong Chonhwankuk

乙酉 朱錫 試鑄貨

367 一兩   368 五文

金鍍金 朱錫 試鑄貨

369 二十圜   370 十圜   371 五圜   372 二圜   373 一圜

近代의 鑄貨
Modern coins

京城典圜局
Kyongsong Chonhwankuk

銀貨用 朱錫 試鑄貨

374 一圜	375 五兩	376 二兩	377 一兩	378 半兩

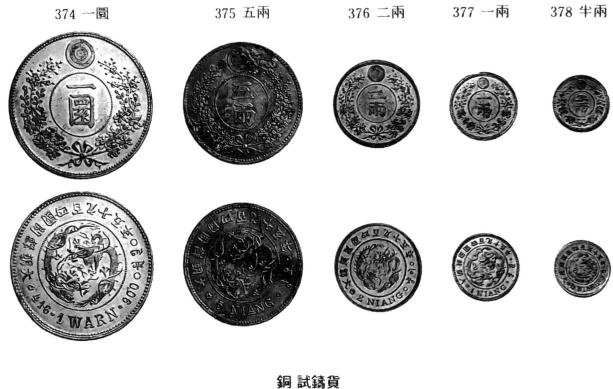

銅 試鑄貨

379 二十文	380 十文	381 五文	382 二文	383 一文

近代의 鑄貨
Modern coins

京城典圜局
Kyongsong Chonhwankuk

銀 貨

384 一圜

銅 貨

385 十文

386 五文

近代의 鑄貨
Modern coins

仁川典圜局
Inchon Chonhwankuk

銀 貨

387 五兩

一兩
389

388 一圓

390

391

白銅貨
二錢五分

392

393

394

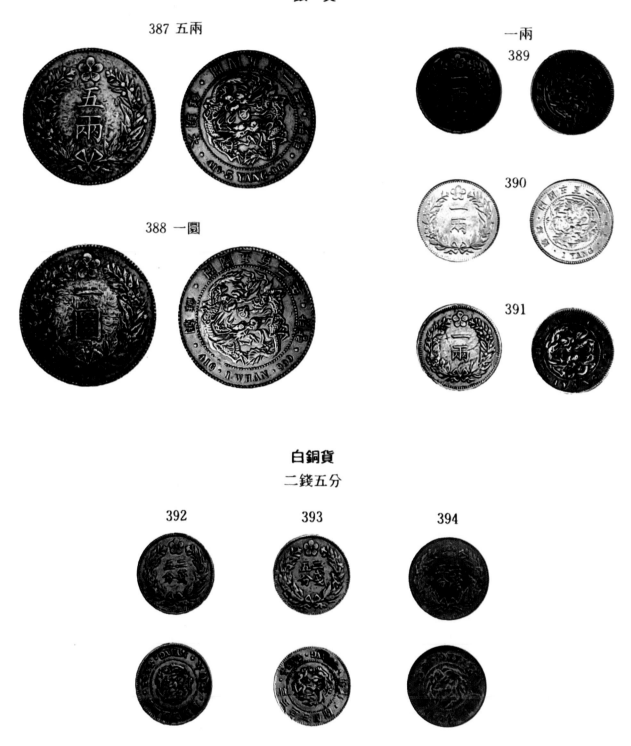

近代의 鑄貨
Modern coins

仁川典圜局
Inchon Chonhwankuk

靑銅貨

五分

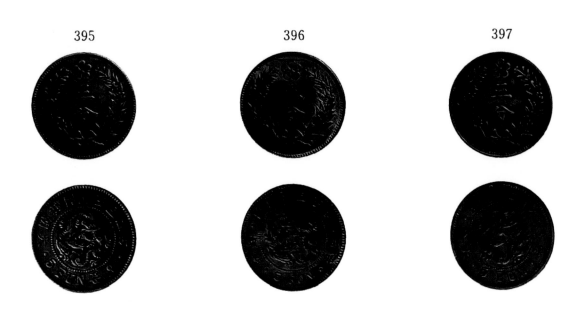

| 395 | 396 | 397 |

黃銅貨

一分

銅 試鑄貨

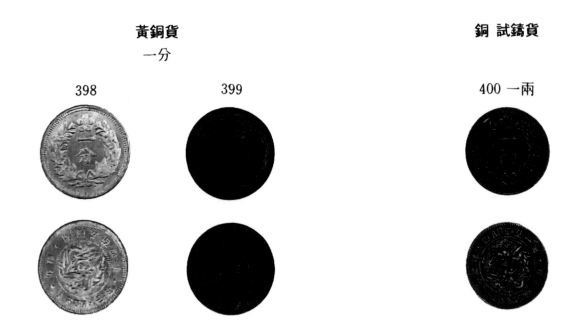

| 398 | 399 | 400 一兩 |

近代의 鑄貨
Modern coins

龍山典圜局
Yongsan Chonhwankuk

金鍍金 靑銅 試鑄貨

401 二十圜

402 十圜

銀 貨

403 半圜

白銅貨

404 五錢

銅 貨

405 一錢

近代의 鑄貨
Modern coins

日本大阪造幣局
Osaka Mint in Japan

金 貨

406 二十圜	407 十圜	408 五圜

銀 貨

半圜		二十錢	
409	410	411	412

近代의 鑄貨
Modern coins

日本大版造幣局
Osaka Mint in Japan

銀　貨
十錢

413　　　　　　　414

白銅貨

415 五錢

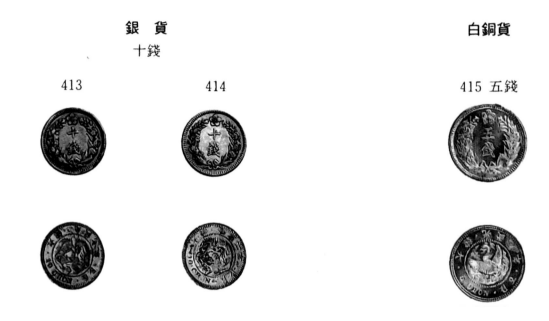

銅　貨

一錢　　　　　　　　　　　　　　半錢

416　　　　　417　　　　　　418　　　　　419

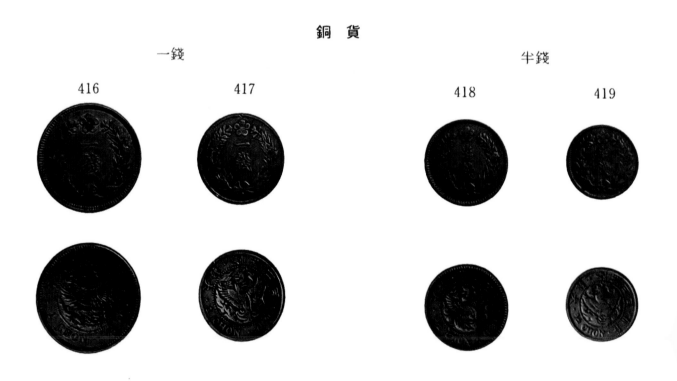

韓國銀行 鑄貨
The Bank of Korea coins

圜 貨
Hwan coins

420 백환	421 오십환	422 십환

원 貨
Won coins

423 가 십원	424 가 오원	425 가 일원

韓國銀行 鑄貨
The Bank of Korea coins

원 貨
Won coins

426 가 백원   427 가 오십원   428 나 십원   429 나 오원   430 나 일원

431 나 오백원   432 나 백원   433 나 오십원   434 다 십원   435 다 오원   436 다 일원

韓國銀行 鑄貨
The Bank of Korea coins

光復 30周年 紀念鑄貨

白銅貨
437 백원

第42回 世界射擊選手權大會 紀念鑄貨

銀 貨
438 오천원

白銅貨
439 오백원

大韓民國 第5共和國 紀念鑄貨

銀 貨
440 이만원

니켈貨
441 천원

白銅貨
442 백원

韓國銀行 鑄貨
The Bank of Korea coins

第24回 올림픽大會誘致 紀念鑄貨

銀 貨
443 이만원

444 만원

白銅貨
445 천원

韓國銀行 鑄貨
The Bank of Korea coins

第2次 第24回 올림픽大會誘致 紀念鑄貨

銀　貨　　　　　　　　　　　　　　　　　白銅貨

446 이만원　　　　　447 만원　　　　　448 천원

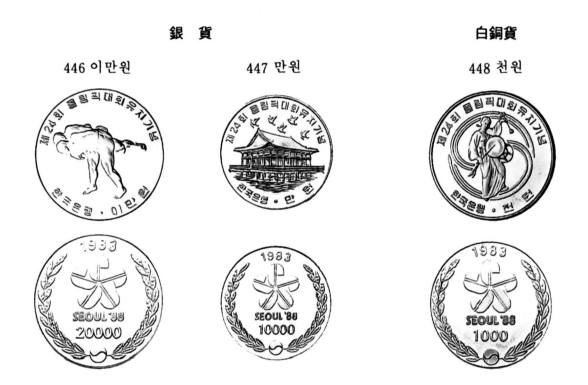

天主教傳來 200周年 紀念鑄貨

銀　貨　　　　　　　　　　　白銅貨

449 만원　　　　　　　450 천원

韓國銀行 鑄貨
The Bank of Korea coins

第10回 아시아競技大會 紀念鑄貨

銀 貨
이만원

451

452

銀 貨
만원

白銅貨

453

454

455 천원

韓國銀行 鑄貨
The Bank of Korea coins

第1次 第24回 서울올림픽大會 紀念鑄貨

金 貨

456 오만원   457 이만오천원

銀 貨

458 만원

銀 貨

오천원

459   460

니켈貨

461 이천원

白銅貨

462 천원

韓國銀行 鑄貨
The Bank of Korea coins

第2次 第24回 서울올림픽大會 紀念鑄貨

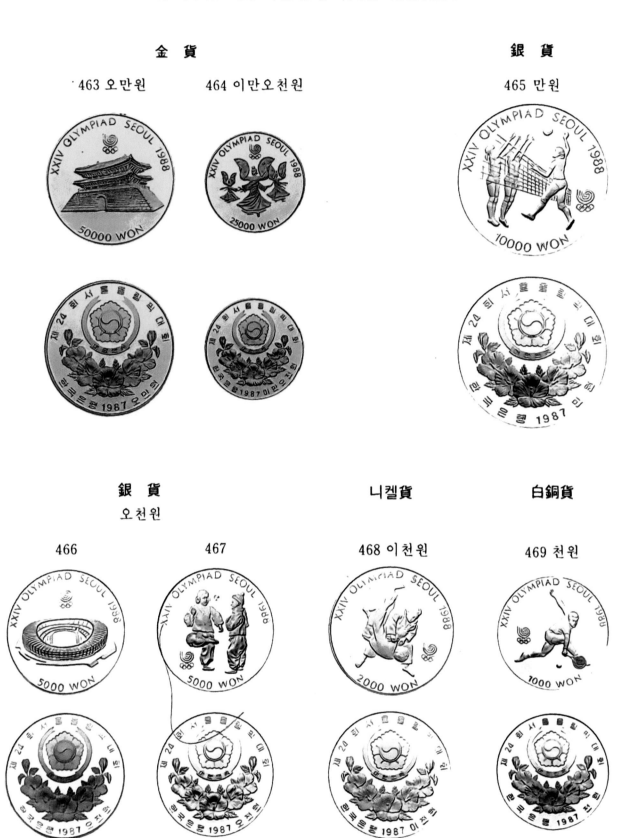

金 貨

463 오만원 464 이만오천원

銀 貨

465 만원

50000 WON 25000 WON

10000 WON

1987 1987 1987

銀 貨
오천원

466 467

니켈貨

468 이천원

白銅貨

469 천원

5000 WON 5000 WON 2000 WON 1000 WON

1987 1987 1987 1987

韓國銀行 鑄貨
The Bank of Korea coins

第3次 第24回 서울올림픽大會 紀念鑄貨

金 貨

470 오만원   471 이만오천원

銀 貨

472 만원

銀 貨
오천원

니켈貨   白銅貨

473   474   475 이천원   476 천원

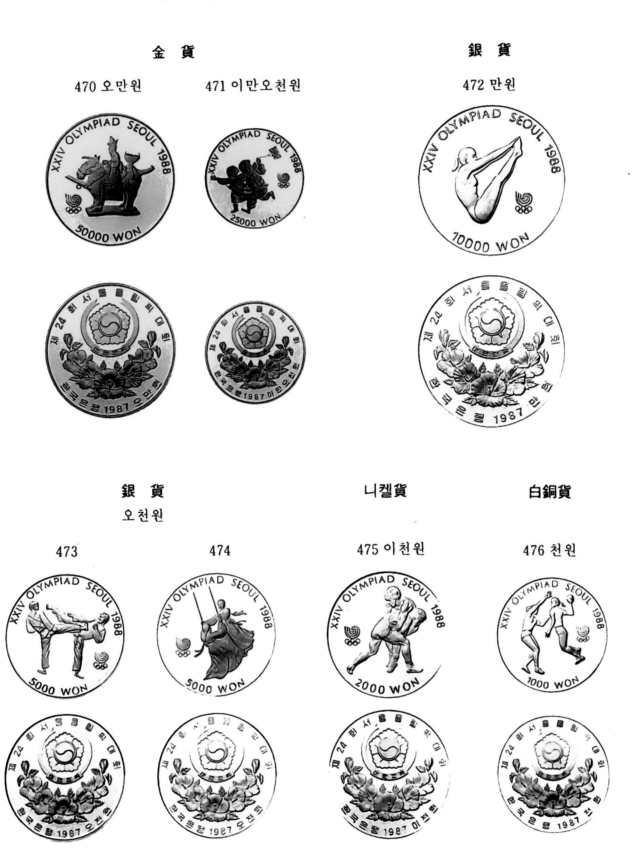

韓國銀行 鑄貨
The Bank of Korea coins

第4次 第24回 서울올림픽大會 紀念鑄貨

金 貨		銀 貨
477 오만원	478 이만오천원	479 만원

銀 貨
오천원

| 480 | 481 | **니켈貨**
482 이천원 | **白銅貨**
483 천원 |

韓國銀行 鑄貨
The Bank of Korea coins

第5次 第24回 서울올림픽大會 紀念鑄貨

銀貨
만원

484

485

486

487

韓國銀行 鑄貨
The Bank of Korea coins

'93 大田世界博覽會 紀念鑄貨

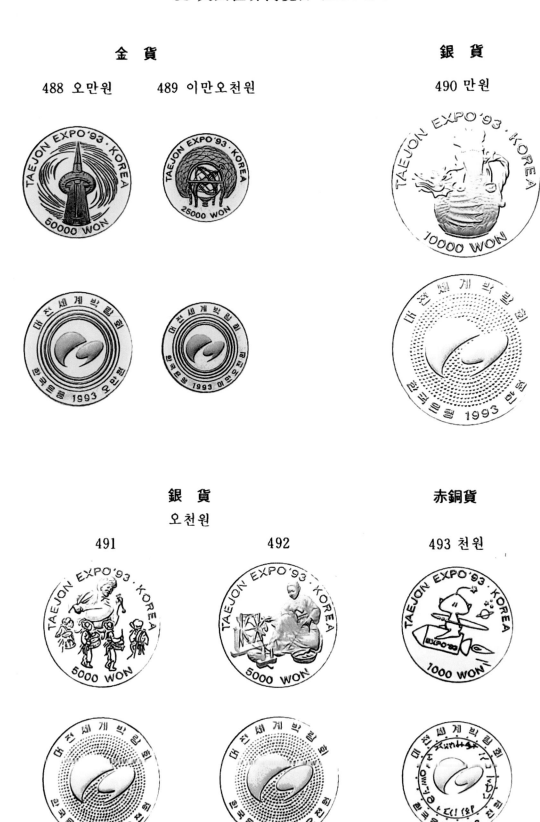

金 貨

488 오만원　　489 이만오천원

銀 貨

490 만원

銀 貨

오천원

491　　　　492

赤銅貨

493 천원

銀行券

日本 第一銀行 券
Dai-lchi Ginko notes

舊 韓國銀行 券
The Former Bank of Korea notes

朝鮮銀行 券
The Bank of Chosun notes

韓國銀行 券
The Bank of Korea notes

日本 第一銀行 券
Dai-Ichi Ginko notes

1 舊 壹圓券(1902年 發行)

日本 第一銀行 券
Dai-Ichi Ginko notes

2 舊 五圓券(1902年 發行)

日本 第一銀行 券
Dai-Ichi Ginko notes

3 舊 拾圓券(1902年 發行)

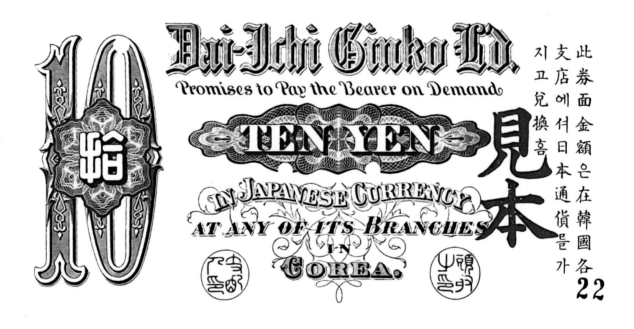

94

日本 第一銀行 券
Dai-Ichi Ginko notes

4　舊　壹圓券(1904年　發行)

日本 第一銀行 券
Dai-lchi Ginko notes

5 舊 五圓券(1904年 發行)

日本 第一銀行 券
Dai-Ichi Ginko notes

6 舊 拾圓券(1904年 發行)

日本 第一銀行 券
Dai-Ichi Ginko notes

7 新 壹圓券

日本 第一銀行 券
Dai-Ichi Ginko notes

8　新　拾圓券

日本 第一銀行 券
Dai-lchi Ginko notes

9 新 五圓券

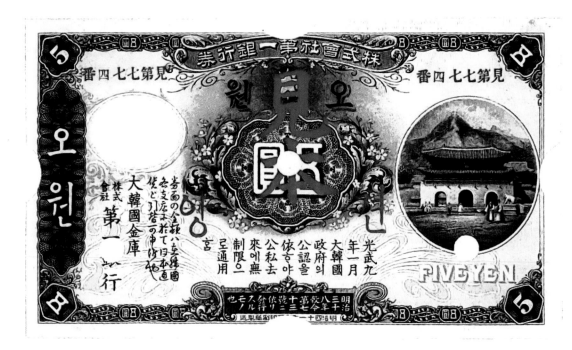

日本 第一銀行 券
Dai–Ichi Ginko notes

10　五圓券(未發行)

日本 第一銀行 券
Dai-Ichi Ginko notes

少 額 券
Small notes

11　拾錢券

12　貳拾錢券

日本 第一銀行 券
Dai-lchi Ginko notes

13　五拾錢券

舊 韓國銀行 券
The Former Bank of Korea notes

14 壹圓券

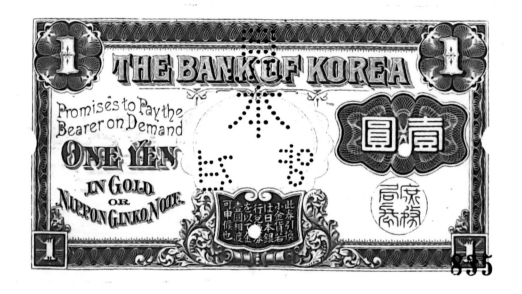

舊 韓國銀行 券
The Former Bank of Korea notes

15　五圓券

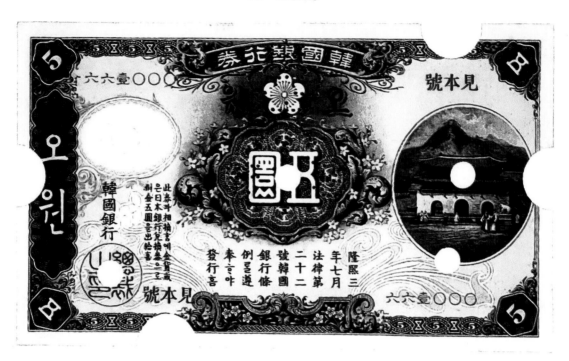

舊 韓國銀行 券
The Former Bank of Korea notes

16 拾圓券

朝鮮銀行 券
The Bank of Chosun notes

17 百圓券(朝鮮總督府 印刷)

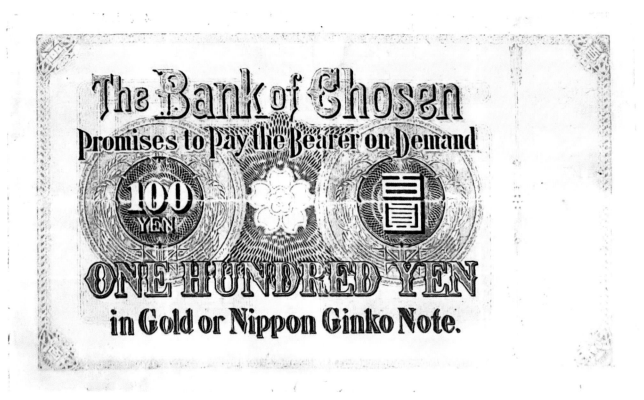

朝鮮銀行 券
The Bank of Chosun notes

18　壹圓券(朝鮮總督府　印刷)

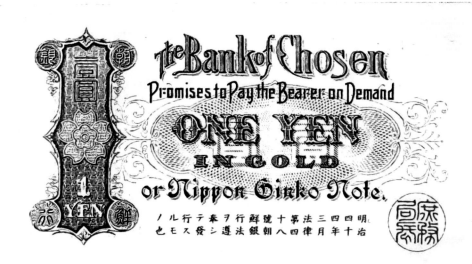

朝鮮銀行 券

The Bank of Chosun notes

19　五圓券(朝鮮總督府 印刷)

朝鮮銀行 券
The Bank of Chosun notes

20 拾圓券（朝鮮總督府 印刷）

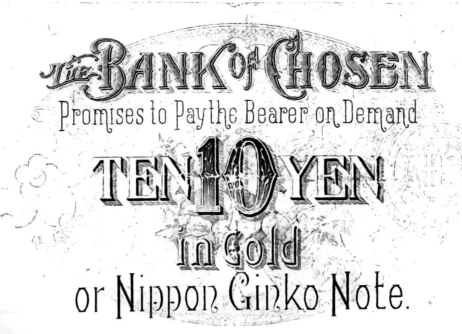

朝鮮銀行 券

The Bank of Chosun notes

21 百圓券（日本內閣印刷局 印刷）

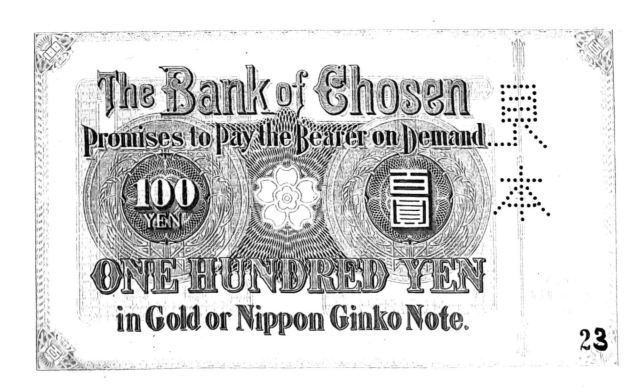

朝鮮銀行 券
The Bank of Chosun notes

22　壹圓券（日本內閣印刷局　印刷）

朝鮮銀行 券

The Bank of Chosun notes

23 五圓券(日本內閣印刷局 印刷)

朝鮮銀行 券
The Bank of Chosun notes

24 拾圓券(日本內閣印刷局 印刷)

朝鮮銀行 券
The Bank of Chosun notes

25 改 壹圓券

朝鮮銀行 券
The Bank of Chosun notes

26　改　拾圓券

朝鮮銀行 券
The Bank of Chosun notes

27　改　五圓券

朝鮮銀行 券
The Bank of Chosun notes

28 改 百圓券

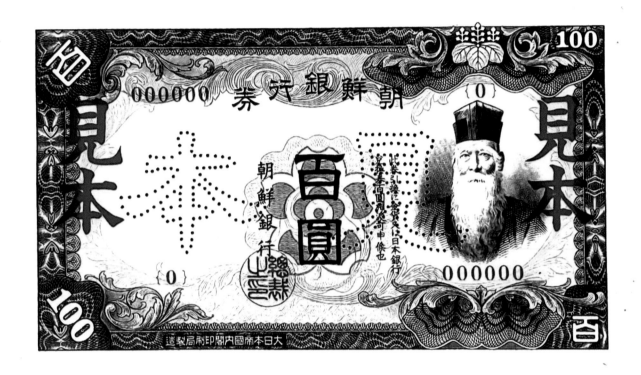

朝鮮銀行 券
The Bank of Chosun notes

29 甲 拾圓券

朝鮮銀行 券
The Bank of Chosun notes

30　甲　五圓券

朝鮮銀行 券
The Bank of Chosun notes

31 改 壹圓券(無番號券)

朝鮮銀行 券
The Bank of Chosun notes

32 甲 百圓券

朝鮮銀行 券
The Bank of Chosun notes

33　甲　拾圓券（無番號券）

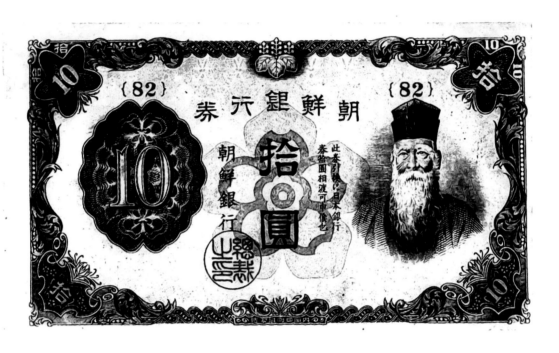

朝鮮銀行 券
The Bank of Chosun notes

34　甲　五圓券（無番號券）

朝鮮銀行 券
The Bank of Chosun notes

35　加刷　千圓券（未發行）

朝鮮銀行 券
The Bank of Chosun notes

36　甲　千圓券(未發行)

朝鮮銀行 券
The Bank of Chosun notes

支給어음
Bills payable

37　五拾錢券

38　貳拾錢券

39　拾錢券

朝鮮銀行 券
The Bank of Chosun notes

支給어음
Bills payable

40 新 五拾錢券

41 新 貳拾錢券

42 新 拾錢券

朝鮮銀行 券
The Bank of Chosun notes

支給어음
Bills payable

43   五拾錢券

44   拾錢券

朝鮮銀行 券
The Bank of Chosun notes

45   乙   百圓券

46　乙　壹圓券

朝鮮銀行 券

The Bank of Chosun notes

47 丙 百圓券

朝鮮銀行 券
The Bank of Chosun notes

48 乙 拾圓券

朝鮮銀行 券
The Bank of Chosun notes

49 丙 拾圓券

朝鮮銀行 券
The Bank of Chosun notes

50 丁 百圓券

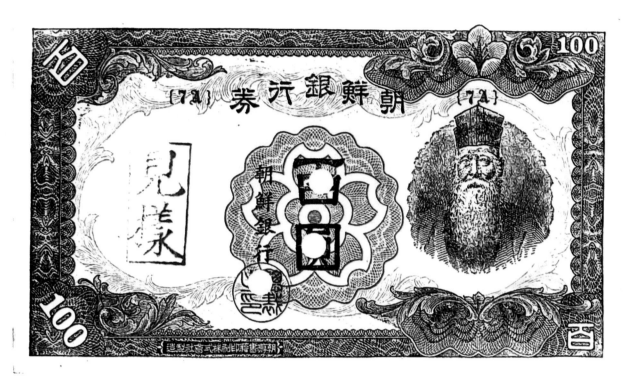

朝鮮銀行 券
The Bank of Chosun notes

51　丁　拾圓券

朝鮮銀行 券
The Bank of Chosun notes

52　戊　百圓券

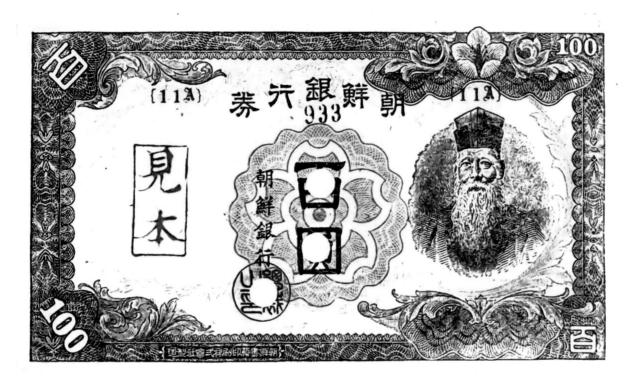

朝鮮銀行 券
The Bank of Chosun notes

53　新　拾圓券

72

朝鮮銀行 券
The Bank of Chosun notes

54 新 五圓券

朝鮮銀行 券
The Bank of Chosun notes

少額券
Small notes

55　五拾錢券

56　拾錢券

57　五錢券

朝鮮銀行 券
The Bank of Chosun notes

58　新　千圓券(北傀　不法發行)

韓國銀行 券
The Bank of Korea notes

圓 券
Won note

59 千圓券

韓國銀行 券
The Bank of Korea notes

圓　券
Won note

60　百圓券

韓國銀行 券
The Bank of Korea notes

圓 券
Won note

61 新 千圓券

韓國銀行 券

The Bank of Korea notes

圓　券
Won note

62　五百圓券

韓國銀行 券
The Bank of Korea notes

圓　券
Hwan note

63　千圓券

韓國銀行 券
The Bank of Korea notes

圜　券
Hwan note

64　百圜券

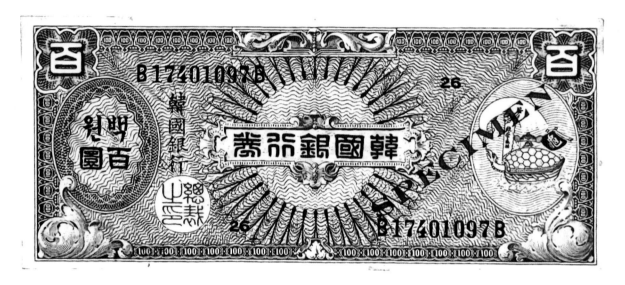

韓國銀行 券
The Bank of Korea notes

圜　　券
Hwan note

65　拾圜券

韓國銀行 券
The Bank of Korea notes

圜　券
Hwan note

66　五圜券

韓國銀行 券
The Bank of Korea notes

圜　券
Hwan note

67　壹圜券

韓國銀行 券
The Bank of Korea notes

圜 券
Hwan note

68 新 拾圜券(黃色紙)

韓國銀行 券
The Bank of Korea notes

圓　券
Hwan note

69　新　拾圓券(白色紙)

韓國銀行 券
The Bank of Korea notes

圓　券
Hwan note

70　新　百圓券(黃色紙)

韓國銀行 券
The Bank of Korea notes

圜　券
Hwan note

71　新　百圜券(白色紙)

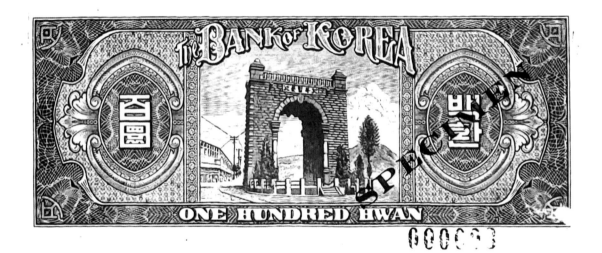

韓國銀行 券
The Bank of Korea notes

圜　券
Hwan note

72　五百圜券

韓國銀行 券
The Bank of Korea notes

圜 券
Hwan note

73 新 千圜券(外產)

韓國銀行 券
The Bank of Korea notes

圜 券
Hwan note

74 新 千圜券(國產)

韓國銀行 券
The Bank of Korea notes

圜　券
Hwan note

75　改　百圜券

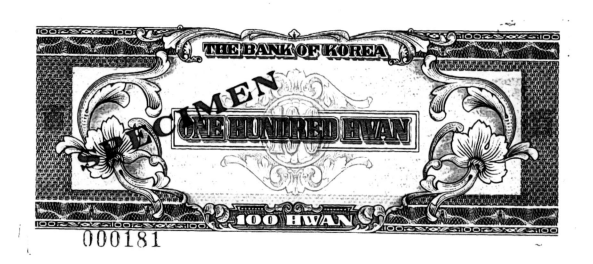

000181

韓國銀行 券
The Bank of Korea notes

圜 券
Hwan note

76 新 五百圜券

000355

韓國銀行 券
The Bank of Korea notes

圓　券
Hwan note

77　五拾圓券

000306

韓國銀行 券
The Bank of Korea notes

圓　券
Hwan note

78　改　천환券

001000

韓國銀行 券
The Bank of Korea notes

圓　券
Hwan note

79　改　오백환券

000135

韓國銀行 券
The Bank of Korea notes

圜　券
Hwan note

80　改甲　백환券

000215

韓國銀行 券
The Bank of Korea notes

원　券
Won note

81　가　오백원券

韓國銀行 券
The Bank of Korea notes

원 券
Won note

82 가 백원券

韓國銀行 券
The Bank of Korea notes

원　券
Won note

83　가　오십원券

韓國銀行 券
The Bank of Korea notes

원 券
Won note

84 가 십원券

韓國銀行 券
The Bank of Korea notes

원 券
Won note

85 오원券

韓國銀行 券
The Bank of Korea notes

원　券
Won note

86　일원券

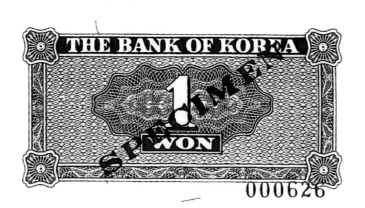

韓國銀行 券
The Bank of Korea notes

원 券
Won note

87 나 십원券

001798

韓國銀行 券
The Bank of Korea notes

원　券
Won note

88　나　백원券

韓國銀行 券
The Bank of Korea notes

少 額 券
Small note

89 오십전券

韓國銀行 券
The Bank of Korea notes

少 額 券
Small note

90 십전券

韓國銀行 券
The Bank of Korea notes

원 券
Won note

91 다 백원券

韓國銀行 券
The Bank of Korea notes

원 券
Won note

92 나 오백원券

000577

韓國銀行 券
The Bank of Korea notes

원   券
Won note

93 나 오십원券

000622

韓國銀行 券
The Bank of Korea notes

원　　券
Won note

94　가　오천원券

韓國銀行 券
The Bank of Korea notes

원 券
Won note

95 가 만원券

韓國銀行 券
The Bank of Korea notes

원 券
Won note

96 다 오백원券

韓國銀行 券
The Bank of Korea notes

원 券
Won note

97 가 천원券

韓國銀行 券
The Bank of Korea notes

원 券
Won note

98 나 오천원券

韓國銀行 券
The Bank of Korea notes

원 券
Won note

99 나 만원券

韓國銀行 券
The Bank of Korea notes

원 券
Won note

100 나 천원券

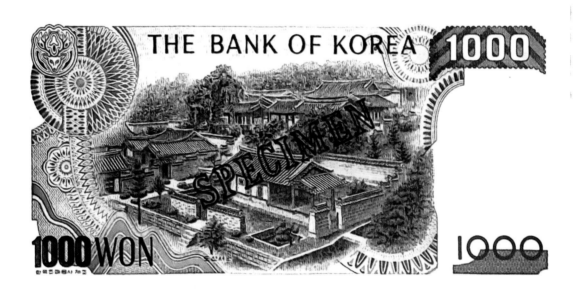

韓國銀行 券
The Bank of Korea notes

원　券
Won note

101　다　오천원券

韓國銀行 券
The Bank of Korea notes

원 券
Won note

102 다 만원券

韓國銀行 券
The Bank of Korea notes

원 券
Won note

103 라 만원券

北韓貨幣의 變遷

北韓貨幣의 變遷[1]

1945年 해방 이후 北韓에서는 1947年 처음으로 發券當局에 의해 원券 및 전券이 발행된 데 이어 여러차례 새로운 은행권이 발행되어 이전에 통용되던 은행권과 교체되어 왔는 데, 가장 최근으로는 1992년에 규격이 축소되고 僞·變造防止要素가 보강된 새로운 원券 이 발행되었다. 주화는 1959년 처음으로 1전, 5전, 10전화가 발행된 이후 1979年에 50전화, 1987年에 1원화가 발행되어 계속 통용되고 있다.

1. 1947年 發行 貨幣

北韓에서는 「북조선 인민위원회 법령 第30號」에 따라 1947年 12月 6日 발행기관이 북조 선중앙은행으로 표시된 1원券, 5원券, 10원券, 100원券 등 은행권 4종류가 발행되었다. 이와 동시에 이전에 통용되어 오던 조선은행권 10錢, 2璋훈, 50錢券 등 補助貨幣를 제외한 모든 화폐[2]가 流通停止 되고 그해 12月 12日까지 새로운 貨幣와 1 대 1의 비율로 교환되 었다.

한편 1949年 5月 14B에는 새로운 補助貨幣인]5錢券, 2에菱券, 50錢券 등 少額紙幣가 발 행되었으며, 이어서 8月 15日부터는 그 이전에 통용되던 모든 補助貨幣가 流通停止되었 다. 이로써 1949年 8月 15日 이후 북한에서는 北朝鮮中央銀行이 발행한 화폐만 통용되게 되었다.

1947年에 발행된 원券의 경우 圖案素材로 4종류 모두 동일하게 앞면에는 勞動者와 農民像이, 뒷면에는 山이 사용되었다. 그리고 1949年에 발행된 錢券의 경우에는 도안소재로 인물이나 경치가 사용되지 않고 앞뒷면에 각각 額面을 나타내는 文字 및 숫자가 표시되었 다.

아울러 1947年과 1949年에 발행된 은행권의 인쇄방식은 平版印屆Il方式이었으며 원券과 錢券의 規格은 각각 額面의 크기에 따라 가로 및 세로의 길이가 모두 커지는 방식이 채택 되었다.

2. 1959年 發行貨幣

한편 1959年 2月 13日에는 새로운 화패의 발행에 관한 법령 「내각결정 제 11호」에 의거 50전권 및 1원권, 5원권, 10원권, 50원권, 100원권 등 銀行券 6종류가 발행되었으며 아울 러 화패발행기관의 명칭이 종전의 北朝鮮中央銀行에서 조선중앙은행으로 바뀌었다.

---

1) 북한에서 발행된 화폐의 변천내용을 기술하되 관린자료의 부족으로 화패자체의 특징을 중심으로 기술하였음.

2) 1945年 해방직후 북한에서는 소련군 사령부에 의해 「붉은군대 사령부」라고 표시되어 발행된 1원, 5원, 10원, 100원 등 4종류의 軍票도 유통되었음.

이와 함께 北韓에서는 처음으로 주화가 발행되어 1전, 5전, 10전화 등 3종류의 주화가 유통되기 시작하였다. 이에 따라 그동안 사용되어 오던 北朝鮮中央銀行券은 流通停止되었으며 1959年 2月 13日부터 2月 17日까지 새로운 화폐와 100 대 1의 비율로 교환되었다.

이때 발행된 은행권중 원券의 圖案을 보면 앞면의 경우 漁船, 金日成 大學, 大同門, 大同橋 製鐵所 등으로 다양화 되었으며, 뒷면의 경우 저액권인 1원권 및 5원권에는 額面表示 文字가, 10원, 50원 및 100원권에는 각각 과일따는 여인, 추수하는 여인, 金剛山 등이 도안소재로 채택되었다. 한편 50전권에는 종전의 전권과 같이 액면을 나타내는 文字와 숫자가 강조되어 표시되었다. 주화의 경우에는 북한을 상징하는 紋章이 全貨種의 앞면 도안·소재로 채택되었으며 뒷면에는 단순히 額面表示 數字만 사용되었다.

은행권의 印屆Il에 있어서는 50전, 1원, 5원권이 平版으로, 10원, 50원, 100원권이 回版으로 인쇄되었다. 은행권의 規格은 종전과 같이 액면이 클수록 가로 및 세로 모두 커지는 방식이 적용되었는데 이때 발행되었던 100원권은 가로 및 세로의 길이가 각각 205mm, 95mm로서 지금까지 北韓에서 발행된 은행권중 규격이 가장 크다.

주화의 경우 素材는 알루미늄이었으며 지름은 1전화의 16.2mm를 기준으로 다음 액면은 2mm씩 차등을 두었다.

3. 1979年 發行 貨幣

1979年 4月 7日에는 「중앙인민위원회 정령」에 따라 銀行券으로는 1원권[3], 5원권, 10원권, 50원권, 100원권 등 5종류가 새로이 발행되었는데 발행기관의 명칭이 조선중앙은행에서 조선민주주의인민공화국 중앙은행으로 변경되었다. 또한 鑄貨로는 50전화가 새로이 발행 되었다. 이에 따라 1959年이후 통용되어 오던 은행권은 모두 流通停止되었고 1979年 4月 7日부터 4月 12日까지 새로운 화폐와 1 대 1의 비율로 교환되었다. 다만 1959年에 발행되었던 1전, 5전, 10전화 등 3종류의 주화는 그대로 통용되었다.

아울러 1947年과 1949年에 발행된 은행권의 인쇄방식은 平版印屆Il方式이었으며 원券과 錢券의 規格은 각각 額面의 크기에 따라 가로 및 세로의 길이가 모두 커지는 방식이 채택 되었다.

---

3) 북한에서 발행된 화폐의 변천내용을 기술하되 관린자료의 부족으로 화패자체의 특징을 중심으로 기술하였음.

은행권의 도안소재로는 앞면에 金日成省像, 각 계층 인물, 千里馬銅像, 勞動者와 農民像등이 사용되었고, 뒷면에는 金日成生家, 白頭山, 製鐵所, 金剛山등이 사용되었다. 50전화에는 앞면에 北韓을 상징하는 紋章, 뒷면에 千里馬銅像이 圖案素材로 채택되었다.

이때 발행된 은행권은 1원권만 平版으로 인쇄되었고 나머지 권봉은 凹版으로 인쇄되었다. 規格은 가로 및 세로의 길이가 각각 130mm, 65mm인 1원권을 기준으로 액면 크기에 따라 券種間가로 10mm, 세로 5mm의 차등을 두었다.

한편 새로이 발행된 50전화의 소재는 기존의 주화와 같이 100% 알루미늄이 사용되었으며 지름은 10전화보다 5mm가 큰 25.2mm이었다.

또한 이때 새로이 발행된 은행권중 1원, 5원, 10원, 50원권 등 4종류는 一般貨幣와 特殊貨幣로 二元化되어 발행되었는데, 일반화폐는 북한주민들의 일상적인 사용을 목적으로 발행되었으며 득수화폐는 외화와의 교환목적으로 발행되었다.

특수화폐는 일반화폐에 여러가지 형태의 특별한 표식이 추가된 것으로 표식의 형태에 따라 사회주의국가 또는 비사회주의국가 화폐와의 교환용으로 구분되고 이는 다시 각각 內國人用과 外國人用으로 구분되었다.

內國人用은 북한주민과 해외에 거주하는 북한동포들이 외국인들로부터 받은 외화를 북한화폐로 교환할 때 사용토록 하였고, 外國人用은 外國人들이 北韓을 방문할 경우 그들이 所持한 외화를 북한화폐로 교환할 때 사용토록 하였다.

특수화폐에 삽입된 표식의 형태를 보면 外國人用의 경우 사회주의 또는 비사회주의국가 화폐와의 교환용 화폐에 액면이 표시된 타원형 무늬가 각각 靑色및 赤色으로 일반은행권의 뒷면에 추가 인쇄되어 있다. 內國人用의 경우에는 사회주의 또는 비사회주의국가 화폐와의 교환용 화폐에 「외화와 바꾼돈」이라는 문구가 표시된 4각형의 무늬가 일반은행권 뒷면에 각각 靑色및 赤色으로 추가 인쇄되어 있다.

주화의 경우에는 기존의 주화 및 새로이 발행된 50전화의 뒷면에 별 표시를 추가하여 外貨와의 교환용으로 사용토록 한 것으로 추정되는데 外貨와의 교환용 주화는 內·外園人用이 구분되지 않았으며 사회주의국가 화폐와의 교환용 주화에는 별 표시 1개, 비사회주의국가 화폐와의 교환용 주화에는 별 표시 2개가 뒷면에 삽입되어 있다.

4. 1988年 發行 貨幣

1988年 9月 8日에는 중앙은행에서 담당해오던 외화와의 교환용 화폐의 발행업무가 貿易銀行으로 이관됨으로써 발행기관이 「조선민주주의인민공화국 무역은행」으로 표시된 새로 운 1원, 5원, 10원, 50원권 등 원券 4종과 1전, 5전, 10전, 50전권 등 전券 4종이 발행되었다. 한편 이전까지 유통되었던 외화와의 교환용 원券 및 주화는 무역은행이 발행한 새 로운 원券 및 전券으로 교체되었을 것으로 추정된다.

원券의 앞면 圖案素材로는 사회주의국가 화폐와 바꾼돈표의 경우 국제친선전람관, 비사 회주의국가 화패와 바꾼돈표의 경우에는 千里馬銅像이 채택되었고, 공통적으로 「외화와 바꾼돈표」라는 文句와 북한을 상징하는 紋章:이 인쇄되어 있으며, 뒷면에는 두 종류 모두 額表示 文字 및 숫자가 인쇄되어 있다. 전券은 두 종류 모두 앞면에 「외화와 바꾼돈표」 라는 文句와 북한을 상징하는 紋章이 인쇄되어 있으며 앞뒷면 동일하게 額面i表示 文字 및 숫자가 사용되었다. 貿易銀行에서 발행된 「외화와 바꾼돈표」는 內國人用과 外國人用으로 구분되지 않았다.

한편 이때 발행되었던 은행권은 모두 平1坂으로 인쇄되었으며 원券의 規格은 액면의 크 기에 비례하여 가로 10mm, 세로 5mm의 차등을 두고 확대된 반면, 전券의 규격은 가로 100mm, 세로 45mm로 全券種 동일하게 하였다.

5. 1992年 發行 貨幣

1992年 7月 14日에는 「중앙인민위원회 정령」에 따라 1원, 5원, 10원, 50원, 100원券 등 一行券 5종류가 발행되었다. 이에 따라 1979年에 발행된 동일 額面의 銀行券은 流通停止되었고 1992年 7月 15日부터 7月 20日까지 新貨幣와 一定限度內에서 1 대 1의 비율로 교환되었다. 그러나 1전, 5전, 10전, 50전, 1원화 동 종전의 일반주화 5종은 계속 유통되 었다.

은행권의 圖案素材로는 앞면에 꽃파는 처녀, 각 계층 인물상, 千里馬銅像과 勞動者像, 金日成 肖像 등이, 뒷면에는 金剛山, 人民大學習堂, 南浦閘門, 山林, 金日成 生家 등이 채택되었다.

規格을 보면 1979年에 발행되었던 은행권에 비해 권종별로 가로 15mm, 세로 10mm씩 축소되었는데 1원券의 경우 가로 및 세로의 길이가 각각 115mm, 55mm였으며 額面의 크 기에 따라 가로 10mm, 세로 5mm의 차등을 두고 확대되었다. 또한 全券種이 四版으로 인 쇄되었으며 숨은그림(隱畵)을 비롯하여 微細文字, 앞·뒷판 맞춤 등의 僞·빛造防止要素 가 보강되었다.

1945年 發行 軍票

1 오원券

1945年 發行 軍票

2 십원券

1947年 發行 銀行券

3 일원券

1947年 發行 銀行券

4 오원券

1947年 發行 銀行券

5 십원券

196

1947年 發行 銀行券

6 백원券

1947年 發行 銀行券

7 십오전券

8 이십전券

9 오십전券

1959年 發行 銀行券

10 오십전券

1959年 發行 銀行券

11 일원券

1959年 發行 銀行券

12 오원券

1959年 發行 銀行券

13 십원券

1959年 發行 銀行券

1947年 發行 銀行券

3 일원券

1979年 發行 銀行券

일반은행권

16 일원券

1979年 發行 銀行券

일반은행권

17 오원券

1979年 發行 銀行券

일반은행권

18   십원券

1979年 發行 銀行券

일반은행권

19 오십원券

1979年 發行 銀行券

일반은행권

20 백원券

1979年 發行 銀行券

외화와 바꾼돈표
사회주의국가의 화폐와 바꾼돈표(외국인용)

21 일원券

1979年 發行 銀行券

외화와 바꾼돈표
사회주의국가의 화폐와 바꾼돈표(외국인용)

22 오원券

1979年 發行 銀行券

외화와 바꾼돈표
사회주의국가의 화폐와 바꾼돈표(외국인용)

23 십원券

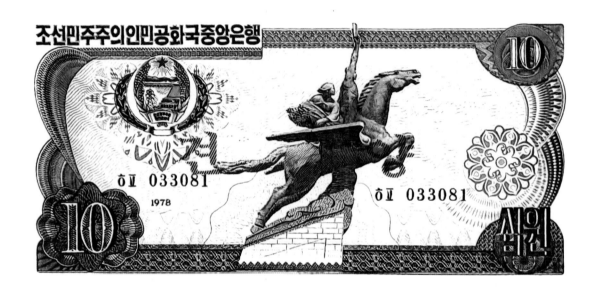

1979年 發行 銀行券

외화와 바꾼돈표
사회주의국가의 화폐와 바꾼돈표(외국인용)

24 오십원券

1979年 發行 銀行券

외화와 바꾼돈표
사회주의국가의 화폐와 바꾼돈표(내국인용)

25 일원券

1979年 發行 銀行券

외화와 바꾼돈표
사회주의국가의 화폐와 바꾼돈표(내국인용)

26 오원券

1979年 發行 銀行券

외화와 바꾼돈표
사회주의국가의 화폐와 바꾼돈표(내국인용)

27 십원券

1979年 發行 銀行券

외화와 바꾼돈표
사회주의국가의 화폐와 바꾼돈표(내국인용)

28 오십원券

1979年 發行 銀行券

외화와 바꾼돈표
비사회주의국가의 화폐와 바꾼돈표(외국인용)

29   일원券

1979年 發行 銀行券

외화와 바꾼돈표
비사회주의국가의 화폐와 바꾼돈표(외국인용)

30 오원券

1979年 發行 銀行券

외화와 바꾼돈표
비사회주의국가의 화폐와 바꾼돈표(외국인용)

31 십원券

1979年 發行 銀行券

외화와 바꾼돈표
비사회주의국가의 화폐와 바꾼돈표(외국인용)

32 오십원券

1979年 發行 銀行券

외화와 바꾼돈표
비사회주의국가의 화폐와 바꾼돈표(내국인용)

33 일원券

1979年 發行 銀行券

외화와 바꾼돈표
비사회주의국가의 화폐와 바꾼돈표(내국인용)

34   오원券

1979年 發行 銀行券

외화와 바꾼돈표
비사회주의국가의 화폐와 바꾼돈표(내국인용)

35 십원券

1979年 發行 銀行券

외화와 바꾼돈표
비사회주의국가의 화폐와 바꾼돈표(내국인용)

36 오십원券

1988年 發行 貿易銀行券

사회주의국가의 화폐와 바꾼돈표

37 일원券

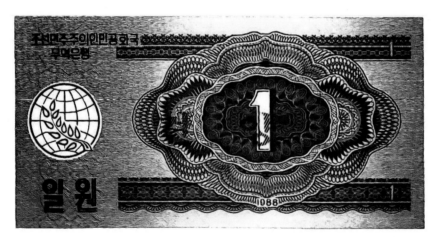

1988年 發行 貿易銀行券

사회주의국가의 화폐와 바꾼돈표

38 오원券

1988年 發行 貿易銀行券

사회주의국가의 화페와 바꾼돈표

39 십원券

1988年 發行 貿易銀行券

사회주의국가의 화폐와 바꾼돈표

40 오십원券

1988年 發行 貿易銀行券

사회주의국가의 화폐와 바꾼돈표

41 일전券

42 오전券

1988年 發行 貿易銀行券

사회주의국가의 화폐와 바꾼돈표

43 십전券

44 오십전券

1988年 發行 貿易銀行券

비사회주의국가의 화폐와 바꾼돈표

45 일원券

1988年 發行 貿易銀行券

비사회주의국가의 화폐와 바꾼돈표

46　오원券

1988年 發行 貿易銀行券

비사회주의국가의 화폐와 바꾼돈표

47 십원券

1988年 發行 貿易銀行券

비사회주의국가의 화폐와 바꾼돈표

48   오십원券

1988年 發行 貿易銀行券

비사회주의국가의 화폐와 바꾼돈표

49 일전券

50 오전券

1988年 發行 貿易銀行券

비사회주의국가의 화폐와 바꾼돈표

51 십전券

52 오십전券

1992年 發行 銀行券

53 일원券

1992年 發行 銀行券

54 오원券

1992年 發行 銀行券

55 십원券

1992年 發行 銀行券

56 오십원券

1992年 發行 銀行券

57 백원券

鑄 貨

일반주화

58 일전貨

59 오전貨

60 십전貨

61 오십전貨

62 일원貨

비사회주의국가의 화폐와 바꾼돈표

63 일전貨

64 오전貨

65 십전貨

66 오십전貨

海外傳來錢

中國錢
Chinese coins

海外傳來錢
Import coins

中國錢
Chinese coins

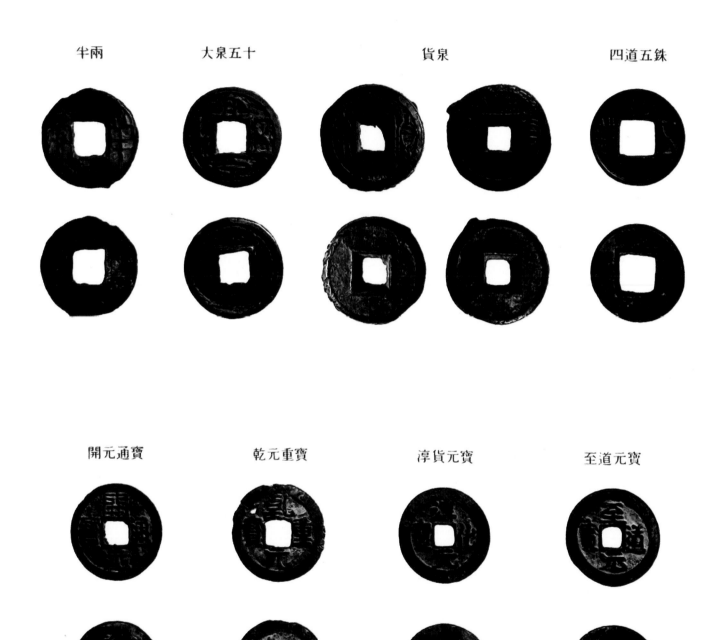

半兩　　　大泉五十　　　　貨泉　　　　四道五銖

開元通寶　　　乾元重寶　　　淳貨元寶　　　至道元寶

海外傳來錢
Import coins

中國錢
Chinese coins

咸平元寶   景德元寶   祥符元寶   天禧通寶

至和通寶   嘉祐元寶   治平元寶   熙寧元寶

海外傳來錢
Import coins

中國錢
Chinese coins

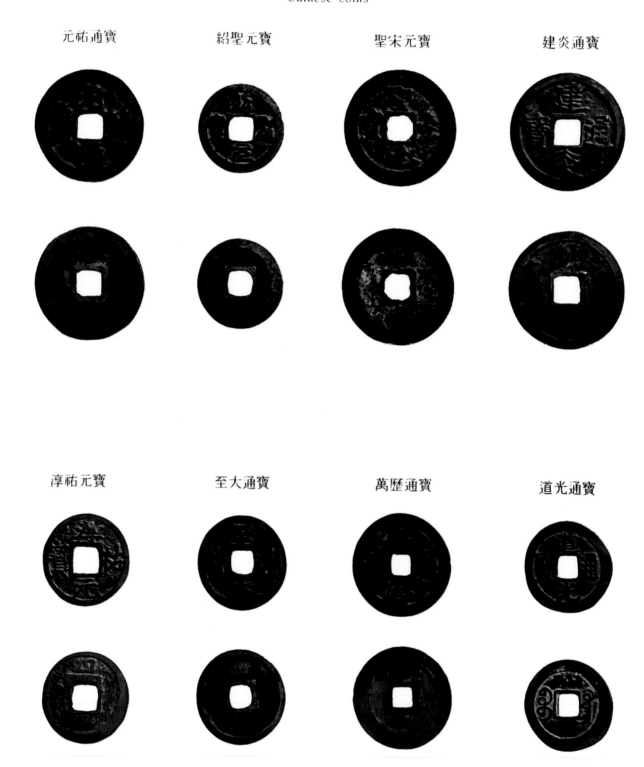

元祐通寶	紹聖元寶	聖宋元寶	建炎通寶

淳祐元寶	至大通寶	萬曆通寶	道光通寶

海外傳來錢
Import coins

馬蹄銀
Sycee silver

海外傳來錢
Import coins

日本貨
Japanese coins

一圓銀貨

니켈貨

十錢 五錢

青銅貨　　　　黃銅貨　　　　　　알루미늄貨

十錢　　五錢　　一錢　　　十錢　　　五錢　　　一錢

러시아貨
Russia coin

루우블貨

大明通行寶紗

Chinese Ming Dynasty mulberry-bark paper

壹貫

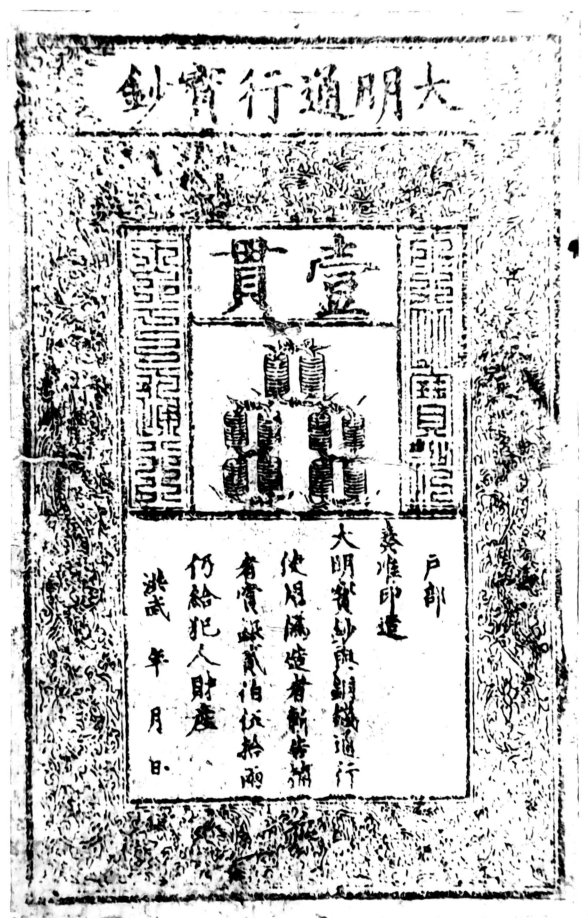

（寫眞，縮尺：70/100）

海關稅 納付用 어음
Customs draft

銀貨五十圓

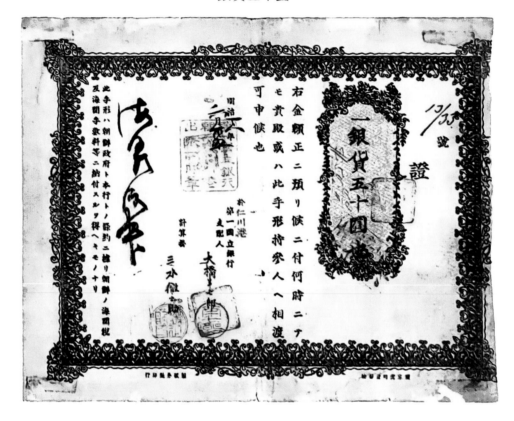

（縮尺：70/100）

戶曹兒換券
Hojo bills

五拾兩券

拾兩券

戶曹兒換券
Hojo bills

五兩券

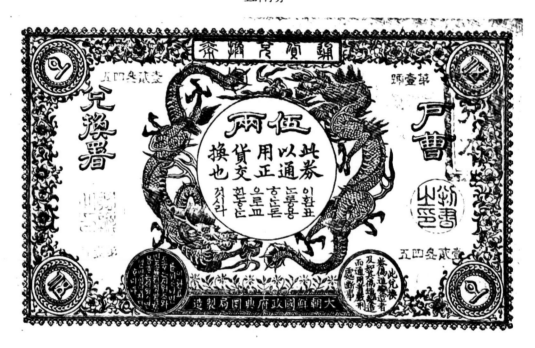

（寫眞）

露日戰爭軍票

Russo-Japanese war military notes

銀拾圓券   銀五圓券

 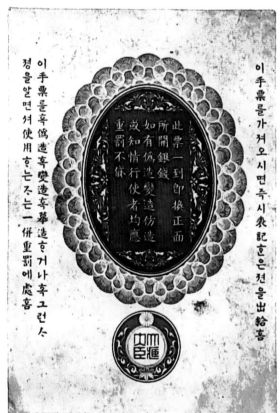

露日戰爭軍票

Russo–Japanese war military notes

銀壹圓券　　　　　　　　　　　　　　　銀壹圓(無番號)

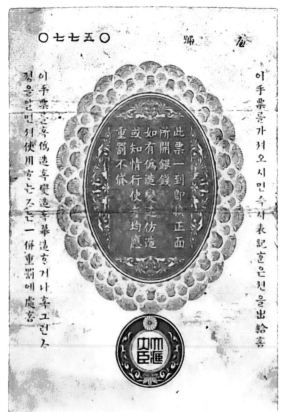

露日戰爭軍票
Russo–Japanese war military notes

銀拾錢券

銀貳拾錢券

銀五拾錢券

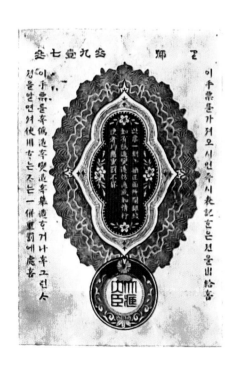

特別郵票臺紙

Postage stamp for subsidiary coins

壹圓

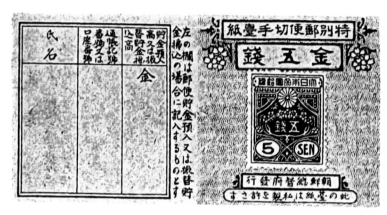

「A」印美補助軍票
Military won (yen) currency type 'A'

百圓券

「A」印美補助軍票
Military won (yen) currency type 'A'

貳拾圓券

拾圓券

五圓券

「A」印美補助軍票

Military won (yen) currency type 'A'

壹圓券

五拾錢

拾錢

參 考 文 獻

慶熙大韓國經濟 經營史研究所	韓國經濟史 文獻資料 第1輯(1970)
高麗大學校 民族文化研究所	韓國文化史大系 Ⅱ(政治 經濟史), 東亞出版社, 1965
高 承 濟	韓國金融史研究, 一潮閣, 1970
	"韓國貨幣流通史序說", 서울大 論文集 第1輯 人文社會科學編, 1954
國史編纂委員會	高宗時代史(第 1~4卷), 探究堂, 1967~71
金 柄 夏	"李朝前期의 貨幣流通", 慶熙史學 2, 1970
	"李朝前期의 鑄貨發行과 流通", 慶熙大 '高凰' 第16輯, 1971
大 韓 金 融 團	韓國金融二十年史, 1967
	韓國金融三十年史, 1978
東 亞 出 版 社	秘話 第1共和國, 1975
柳 子 厚	朝鮮貨幣考, 學藝社, 서울, 1940
世 文 社	解放20年 資料編, 1965
宋 贊 植	"朝鮮後期 行錢論", 韓國思想大系Ⅱ, 1976
吳 斗 煥	韓國近代貨幣史, 韓國研究院, 1991
	"朝鮮銀行의 發券과 産業金融", 國史館論叢 第36輯, 1992
	"戰時工業化와 金融", 近代朝鮮 工業化의 研究 1930~1945, 1993
元 裕 漢	朝鮮後期貨幣史研究, 1975
	"當五錢攷", 歷史學報 35·36
	"典圜局攷", 歷史學報 37
	"金堉과 銅錢", 史學會誌 No.8
	"18世紀에 있어서의 貨幣政策-銅錢의 鑄造事業中心", 史學研究 第16號
	"李朝肅宗時代의 鑄錢에 對하여", 史學研究 第18號
	"當百錢考", 編史 1
	"貨幣流通政策"
	"朝鮮後期의 貨幣經濟發達과 그 影響", 朝鮮後期 社會經濟史研究 入門, 1991

李	基	白	韓國史 新論
李	文	根	"우리나라 貨幣의 史的考察", 成均經濟, 1962
李	碩	崙	우리나라 貨幣金融史(1910年 以前), 博英社, 1994
			"우리나라 貨幣史", 政經學報, 1964
			"高麗時代의 貨幣", 大學週報 147, 1962
			"우리나라 銀行史", 政經學報, 1963
李	昌	世	韓國財政의 近代化過程, 博英社, 1965
李	鍾	英	"朝鮮初 貨幣制의 變遷", 人文學科 7, 1962
			"李朝의 貨幣觀", 史學會誌 5卷 6月號, 1964
財	務	部	財政金融 30年史
財 政 公	論	史	韓國貨幣圖鑑, 1973
全	應	烈	"韓國貨幣經濟史의 小考", 崇實大學報 4, 1959
趙	璣	濬	"李朝末葉의 財政改革", 學術院論文集, 1965
崔	慶	天	"高麗時代의 貨幣制 考察", 建大學報, 1962
韓 國	銀	行	金通運委議決錄
			韓國銀行 5年史, 1958
			韓國銀行 10年史, 1963
			韓國銀行 15年史, 1968
			韓國銀行 25年史, 1973
			韓國銀行 30年史, 1980
			韓國銀行 40年史, 1990
			歷代韓國貨幣槪觀, 1963
			韓國貨幣史, 1966
			增補 韓國貨幣史, 1969
			韓國의 貨幣, 1982
			緊急通貨措置 綜合報告書, 調査部, 1954
			緊急通貨措置 綜合報告書, 調査部, 1962

韓 國 造 幣 公 社	韓國貨幣全史, 1971
	韓國貨幣全史, 1993
	韓國造幣公社 30年史, 1982
	韓國造幣公社 40年史, 1991
	貨幣圖鑑, 1970
韓 國 現 代 史 編 纂 委 員 會	韓國現代史, 新丘文化社, 1969
河 合 弘 民	"楮貨一考", 朝鮮論集 小田先生 頌壽紀念 26號
黑 田 幹 一	"朝鮮上代貨幣考", 朝鮮論集 小田先生 頌壽紀念
	"新羅時代貨幣", 貨幣 284, 1942
甲 賀 宜 政	"近世朝鮮貨幣及典圜局沿革", 朝鮮總督府月報 第4卷 12號, 1914
小 葉 田 淳	"高麗朝貨幣史考", 經濟史研究 70, 1913
田 村 專 之 助	"高麗末期に於ける楮貨採用問題", 歷史學研究 第7卷 3號
德 永 滿	"朝鮮の珍紙幣につてて", 貨幣 280, 1942
	"常平錢略解", 貨幣 283, 284, 1942
三 上 豊	"典圜局回顧談(1932)", 韓國經濟史文獻資料 第1輯, 李碩崙 譯 收錄
吉 田 東 伍	"日韓の文物比較一殊に貨幣制度の興廢", 史學雜誌 23~27
後 藤 淸 司	"韓國の貨幣史", 朝鮮論集 小田先生 頌壽紀念. 295
朝 鮮 金 融 組 合 協 會	朝鮮舊時の金融財政慣行, 1930
朝 鮮 銀 行 史 研 究 會	朝鮮銀行史, 東洋經濟新報社, 1987
朝 鮮 銀 行 史 編 纂 委 員 會	朝鮮銀行 略史, 1960
朝 鮮 總 督 府	朝鮮の市場經濟, 調査資料 第27輯, 1929

韓國貨幣圖鑑

한 국 화 폐 도 감

2023년 2월 30일 인쇄
2023년 3월 10일 발행

저 자 | 편집부
펴낸곳 | 한국학자료원
등 록 | 제12-1999-074호

주 소 | 서울 은평구 연서로 37길 40-1
팩 스 | 02.3159.8051
E-mail | eksung@naver.com

ISBN 979-11-6887-240-0

정가 250,000원